www.tredition.de

AF197805

Über die Autoren:

Dr. phil. Bernd Schmid ist Gründer und Leitfigur der isb GmbH Wiesloch (seit 1984) und der Schmid Stiftung (seit 2011).
Er ist international tätig als Referent, Lern- und Professionskulturentwickler sowie als Unternehmer und Gründer von Initiativen und Verbänden. Seine Expertise in der Organisationsentwicklung und im Coaching stellt er als Mentor und Konzeptentwickler an der Schnittstelle von Profit- und Nonprofit-Unternehmertum bereit.
Schmid ist unter anderem Ehrenmitglied der Systemischen Gesellschaft und Ehrenvorsitzender des Präsidiums Deutscher Bundesverband Coaching. Er ist Preisträger des Eric Berne Memorial Award 2007 der Internationalen TA-Gesellschaft ITAA und des Wissenschaftspreises 1988 der Europäischen TA-Gesellschaft EATA sowie des Life Achievement Award 2014 der Petersberger Trainertage.
Zahlreiche Essays zu persönlichen und professionellen Themen finden sich unter www.isb-w.eu/blog.php. Weitere Veröffentlichungen zum kostenlosen Download sowie Videos stehen bereit unter www.isb-w.eu/wissen.php und www.youtube.com/user/ISBlearning sowie unter www.isb-i.eu (internationale Präsenz).

Andrea Mikoleit war nach einem Ingenieursstudium in Deutschland und England viele Jahre in einer internationalen Beratungsgesellschaft tätig und sammelte dort Führungserfahrung. 2006 gründete sie ihr eigenes Unternehmen MANAGEMENTORS®. Sie hat die Ausbildung zum systemischen Coach sowie zum systemischen Berater am isb absolviert und ist dort Master sowie Lehrtrainerin.
Als systemischer Coach begleitet Mikoleit Führungskräfte bei Entwicklungsaufgaben und unterstützt Menschen in individuellen Veränderungs- und Krisensituationen. Ihre Leidenschaft ist es, Welten zu verbinden: die systemische mit der leistungsorientierten, die technische mit der kaufmännischen und die Welt der Organisation mit der des Individuums.

Bernd Schmid /
Andrea Mikoleit

Und der Haifisch, der hat Zähne

Umgang mit Macht, Angst und persönlicher Stärke

Lesebuch Band III

© 2017 Bernd Schmid, Andrea Mikoleit

Verlag: tredition GmbH, Hamburg

Bibliographische Information der Deutschen Nationalbibliothek
Die Deutsche Nationalbibliothek verzeichnet diese Publikation in
der Deutschen Nationalbibliografie; detaillierte bibliographische
Angaben sind im Internet über http://dnb.d-nb.de abrufbar.

978-3-7345-4492-7 (Paperback)
978-3-7345-4493-4 (Hardcover)
978-3-7345-4494-1 (e-Book)

Umschlagabbildung: © Bernd Schmid Fotoarchiv

Printed in Germany

Inhalt

Einführung

Das vorliegende Lesebuch ist weder ein Lehrbuch zum Erlernen der Beratungsprofession, noch ist es für Beratungen gemeinhin repräsentativ.

Die behandelten Beratungsanliegen liegen im üblichen Rahmen – der Beratungsstil und die Reflektionen über die aufkommenden Themen jedoch nicht.

Vorgestellt werden ausgewählte Fallbeispiele aus der Praxis, die sich alle unter dem Themenschwerpunkt "Integration von Kräften aus dem Schatten" zusammenfassen lassen. Als Schatten bezeichnete C. G. Jung Sphären und Kräfte in der eigenen Seele, die nicht als eigene erkannt oder akzeptiert werden. Vielleicht wurden sie aus biographischen Gründen ins Dunkle abgedrängt oder sind überhaupt neu erwacht und verlangen Würdigung, Pflege und ihren Platz in der Persönlichkeit. Bleiben sie als unheimlich abgelehnt, gefürchtet oder verachtet, also unerlöst, dann können sie, anstatt die Persönlichkeit anzureichern, die „Seelenruhe" erheblich stören. Daher braucht es Anleitung und Unterstützung, sie anzunehmen und positiv zu integrieren.

Ausgangspunkt der Betrachtungen sind Beratungen, die Bernd Schmid am isb Wiesloch (isb GmbH - systemische Professionalität) durchgeführt hat. Jeder Beratungsfall liegt in transkribierter Fassung vor, unterbrochen werden die Gesprächsdarstellungen durch Erläuterungen und Analysen der Autoren. Abschließend wird die Beratungsarbeit zwischen Andrea Mikoleit und Bernd Schmid diskutiert. Dadurch bietet sich dem Leser die Möglichkeit, Bernd Schmid, der als einer der Pioniere der systemischen Beratung gilt, bei seiner Arbeit über die Schulter zu schauen und Einblicke in seine mentalen Landkarten zu bekommen. Die vorgestellten Fälle sind gerade deshalb interessant, weil sie nicht die üblichen Erwartungen bedienen und sowohl bezüglich der inhaltlichen Orientierung als auch des Beratungsstils exemplarisch für Bernd Schmids Arbeit stehen.

Kennt man Bernd Schmid – den Systemiker, den Vordenker, den Querdenker, den Anti-Dogmatiker, den Augenzwinkerer – dann weiß man, dass er sich nicht auf standardisierte Verfahren verlässt, sondern seine Gegenüber immer aufs Neue mit eher unkonventionellen Interventionen überraschen kann. Bernd Schmid nimmt die Menschen mit in eine eigene Beratungswelt, die jahrzehntelange Erfahrung und moderne Sichtweisen kombiniert und die er in jedem Gespräch neu und individuell konstituiert.

Wir wünschen Freude und Neugier bei der Erkundung dieses Buches, vielfältige Inspiration für das Führen eigener Beratungen und spannende Begegnungen mit den Schattenkräften.

Neben allen Menschen, die zu diesem Band beigetragen haben, danken wir insbesondere unseren Familien für ihre Unterstützung sowie Laura Sobez für die redaktionelle Betreuung.

Wiesloch im Juni 2017
Andrea Mikoleit

Und der Haifisch, der hat Zähne
Und die trägt er im Gesicht
Und Macheath, der hat ein Messer
Doch das Messer sieht man nicht.
[…]
Denn die einen sind im Dunkeln
Und die andern sind im Licht.
Und man siehet die im Lichte
Die im Dunkeln sieht man nicht.

(Bertolt Brecht, Die Moritat von Mackie Messer) [1]

---

[1] Bertolt Brecht: *Die Moritat von Mackie Messer*, aus: *Dreigroschenoper* (1928/1930), in: Brecht Liederbuch, hg. und kommentiert von Fritz Hennenberg, Suhrkamp Verlag Frankfurt a.M. 1984, S. 386-387.

Seelenkräfte im Schatten

„Jeder Mensch
erfindet sich früher oder später
eine Geschichte,
die er für sein Leben hält, oder eine ganze
Reihe von Geschichten."
(Max Frisch, Mein Name sei Gantenbein)[2]

Im Laufe unserer Entwicklung formen wir eine Persönlichkeit, die wir für unser Selbst halten. In diese bewusste Persönlichkeit werden Kräfte und Eigenschaften aufgenommen, die wir im Angesicht bisheriger Herausforderungen, Spielräume und Belastungen integrieren konnten. Andere Aspekte unserer Wesensarten sind in den Hintergrund gedrängt oder blieben zunächst im Dunkeln. Wenn sie uns draußen in der Welt begegnen, bewundern, verachten oder fürchten wir sie. Da ist der wunderbare Mensch, der ich leider nicht bin, der Einfaltspinsel, der ich – dem Himmel sei Dank – nicht bin, oder der skrupellose Typ, mit dem ich hoffentlich nichts zu tun haben muss. Alles ist draußen, alles, das bin nicht ich. Doch dann begegnen mir solche Wesen auch in meinen Träumen.[3] Sie erscheinen dort als „die Anderen", als Fremde, als betörende Lichtgestalten oder zudringliche Ärgernisse, und oft in unverständlichen Szenerien. Sind diese Wesen wirklich fremd? Oder sind sie nur meinem Gewohnheits-ICH fern, aber zu mir gehörend? Schließlich sind es doch meine Träume.

---

[2] Frisch, Max: *Mein Name sei Gantenbein.* Suhrkamp Taschenbuch, Frankfurt am Main 1998.
[3] Schmid, Bernd u. Günter, Andrea: *Systemische Traumarbeit. Der schöpferische Dialog anhand von Träumen.* Vandenhoeck & Ruprecht 2012.

Wenn eigene Seelenkräfte noch fremd sind, zeigen sie sich in fernen Ausdrucksformen, zum Beispiel als „Vorstufen des Menschen", als Tier, Pflanze, als anorganische Wesen. Kommen sie näher, werden auch die Erscheinungsformen immer „verwandter", bekommen schließlich menschliche Gestalt und Individualität. Und wenn wir irgendwann begegnungsbereit sind, machen wir uns schlussendlich zu eigen, was uns zuvor als Fremdes erschreckt oder begeistert hat.

Anlass zu diesem Lesebuch gab ein Schlüsselerlebnis in Bernd Schmids eigener Weiterbildung, das schon viele Jahre zurückliegt: Der Riese aus dem Dunkeln. Auch ein Seminarteilnehmer von Bernd Schmid hatte ein Schlüsselerlebnis mit einer Schattenkraft: Die Begegnung mit einem Panther. Während der Entstehung dieses Bandes traf er nach Jahren zufällig auf Bernd Schmid und berichtete ihm davon. Beide Geschichten seien den Beratungsfällen exemplarisch vorangestellt.

Der Riese aus dem Dunkeln

Es war Anfang der 1970er-Jahre. Bernd Schmid war Teilnehmer eines Seminars zum Thema „Gestalt, Körperarbeit und Psychodrama" bei Eric Marcus aus Los Angeles.

Ein weiterer Teilnehmer war Günther, ein hünenhafter Psychologe. Er war im Seminar dadurch aufgefallen, dass er immer etwas „Gebücktes" in seiner Haltung hatte. Er selbst ließ die anderen wissen, dass er immer voller Angst und seit Jahren in therapeutischer Behandlung sei, um die Ursachen seiner Angst zu finden. Die Gruppe fühlte sich von ihm eingeladen, ihn zu beschützen, zu trösten und ihm Mut zuzusprechen. In der Gestaltarbeit wurde viel mit sogenannten Altersregressionen gearbeitet. Dabei ließen sich die Teilnehmer in kindliche Zustände und Szenerien „zurückgleiten", um dort belastende Erfahrungen wiederzubeleben und mithilfe der anderen Gruppenmitglieder heilsame, kompensierende Erfahrungen zu machen, beziehungsweise entsprechende Botschaften und Lebensausrichtungen zu integrieren. Günther bot sich gleich am zweiten Morgen flehentlich an, mit dem Traum der vergangenen Nacht „arbeiten" zu dürfen. Eric war einverstanden. Wie in der Gestaltarbeit üblich, sollte Günther zunächst seinen Traum in der Gegenwart erzählen.

Günther: „Ich liege in einem Kinderbett in einem dunklen Raum. Da kommt aus dem Dunkeln ein riesenhafter Kerl auf mich zu. Ich habe Angst. Was wird er mir tun?"

Nun bat er darum – schon zitternd –, dass diese Szene psychodramatisch gespielt werde. Er selbst war in kindlichen Zuständen schon recht versiert.

Eric sagte: „Ich bin damit einverstanden... unter einer Bedingung."

Günther etwas stutzig: „Welche Bedingung?"

Eric: „DU spielst den Riesen aus dem Dunkeln!"

Nun war Günther durcheinander. Das war nicht sein gewohntes Spiel! Er hatte fest damit gerechnet, das Kind spielen zu dürfen. Aber Eric bestand darauf.

Der erste Anlauf ging daneben, weil Günther sich immer wieder in das ängstliche Kind zurückflüchten wollte. Aber allmählich überwand er seine vermeidende Haltung, näherte sich an und gewann Kraft in der Figur des Riesen. Hierin wurde er von der ganzen Gruppe bestärkt, bis er irgendwann sogar Gefallen an kraftvollen, „furchterregenden" Figuren zu finden schien. Spontan richtete sich etwas in seiner Haltung auf, und die Ängstlichkeit rutschte ihm, bildlich gesprochen, den Buckel runter. Er war nun auf dem rechten Weg zu einer ihm angemessenen Größe.

Günthers Erfahrungen haben Bernd Schmid gezeigt, dass gewohnheitsmäßige Hilflosigkeit und Ängstlichkeit nicht dadurch aufgelöst werden können, dass man seine Biografie aus dieser ohnmächtigen Perspektive heraus „aufarbeitet", sondern dass eine aktiv eingeforderte und unterstützte Begegnung mit abgelehnten, aber gegenwärtigen – in diesem Falle sehr mächtigen – Kräften der eigenen Seele diese erlösen kann.

Begegnung mit einem Panther

Wie der Zufall so will, hatte Bernd Schmid, während er mit den Arbeiten für das vorliegende Buch beschäftigt war, nach langer Zeit wieder Kontakt zu einem Teilnehmer aus einer seiner Selbsterfahrungsgruppen in den 1980er-Jahren. Dieser, nennen wir ihn Richard, berichtete seinem damaligen Lehrer, wie sehr ihn die Arbeit mit Bernd Schmid geprägt hat.

Damals hatte Richard über den zweiten Bildungsweg ein Studium als Diplom-Soziologe absolviert und arbeitete seit wenigen Monaten als Berufsanfänger in einer Suchtberatungsstelle, deren Schwerpunkt die Arbeit mit Gruppen war. Seine Kollegin leitete diese Sitzungen, aber Richard wusste, dass auch er in Kürze selbst die Leitung einer Gruppe übernehmen sollte. Diese Vorstellung löste in ihm panische Ängste aus, und er spielte mit dem Gedanken, den Job zu kündigen, um dieser Situation aus dem

Weg zu gehen. Dann entschied er, sich Hilfe zu suchen. Zuerst in einer zweijährigen analytischen Gruppentherapie, wo er jedoch seine Ängste verstecken konnte und sich zumindest am Ende der Ausbildung nach außen hin „sicher" geben konnte. Es folgten Gespräche mit einem Priester sowie verschiedene einzel- und gruppentherapeutische Sitzungen, die die Ängste jedoch nicht lösen konnten.

Mit der Zeit konnte Richard zwar seine Verängstigung nach außen hin kaschieren, aber starkes Herzklopfen, Schweißausbrüche und Denkblockaden begleiteten seine Arbeit. Mit dieser Vorgeschichte nahm er damals an einem von Bernd Schmid geleiteten gruppentherapeutischen Seminar teil.

Die ersten drei Seminartage nutzte Richard, um zu beobachten – wie aus einem Versteck heraus. Am letzten Seminartag fragte Bernd Schmid ihn, wie es ihm in der Gruppe gehe. „Oje...", war die Antwort, und Richard erzählte der Gruppe stockend von seiner Angstproblematik. Erst nach mehreren Angeboten, in der Gruppe daran zu arbeiten, willigte er zögerlich ein. Bernd Schmid forderte den jungen Mann auf, sich in die Mitte der Gruppe zu setzen und bat ihn, einen Panther zu spielen. Die erste Reaktion war Abwehr, und Richard erinnert sich, dass er sich vollkommen albern vorgekommen sei und seine Beklommenheit und Unsicherheit stark spürte. Bernd Schmid versuchte ihn zu ermutigen, indem er selbst einen Panther spielte und auf allen Vieren und brüllend neben Richard her schritt. Das löste eine tiefe Traurigkeit in Richard aus, der erschüttert weinte und sich vor Scham die Hände vors Gesicht hielt. Er selbst berichtet heute, dass die spielerische und ungehemmte Art, mit der Bernd Schmid durch den Raum schritt, ihm vor Augen geführt habe, wie blockiert und unfrei er selbst in dieser Situation war. Bernd Schmid machte Richard das Angebot, er solle als Panther mit seiner Pranke kurz vor seinem Gesicht vorbeischlagen. Er tat es. Und mit dieser Bewegung spürte Richard, dass Wut statt Trauer in ihm emporstieg. Bernd Schmid nahm diesen Impuls auf, ließ sich eine Matratze bringen und forderte ihn auf, mit beiden Fäusten und unter Gebrüll auf die Matratze einzuschlagen. Richard nahm den Vorschlag an, und gemeinsam mit Bernd Schmid prügelte er auf die Matratze ein, beide brüllend. Für Richard war das ein Befreiungsschlag: „Ich spürte meine Kraft und Wut, und nur das war in dem Moment wichtig und nicht die Zuschauer in der Gruppe und nichts anderes. Danach war ich erleichtert, froh gestimmt und vor allem präsent. Ich konnte einfach da sein, in der Gruppe sein – ohne Vorbehalte."

Aus heutiger Perspektive beschreibt Richard dieses Erlebnis als „Erfahrungsschatz", der als „Initialzündung" zu Beginn seiner persönlichen Entwicklung beim Thema Angst in Gruppen fungierte. Er erinnert sich, dass seine damalige Partnerin ihn bei der Begrüßung am Abend nach dem Seminar mit folgenden Worten empfing: „Irgendetwas ist mit dir passiert." Was für ihn bereichernd war, war und blieb für sie jedoch fremd – und das bis zu ihrer Trennung nach insgesamt zwölf Jahren Beziehung. Die Erfahrungen als Panther ließen bei Richard in den Tagen nach der Gruppentherapie einen spielerischen Übermut aufkommen, der sich dadurch äußerte, dass er sich immer wieder vorstellte, in öffentlichen Situationen unangepasste Handlungen vorzunehmen – zum Beispiel in einem vornehmen Restaurant einen Kopfstand auf dem Tisch zu machen. Allein diese Vorstellung hatte bei ihm ein Unabhängigkeitsgefühl ausgelöst. Die neue Lust am Ausprobieren übertrug sich schnell auch auf die Arbeitssituation, und die Arbeit in Gruppen wurde zum Schwerpunkt seiner therapeutischen Arbeit. Er machte viele verschiedene Gruppenangebote: von der Therapiegruppe, Motivationsgruppe und Selbsterfahrungsgruppe bis hin zur Yogagruppe und Gruppe für alkoholauffällige Verkehrsteilnehmer. Später übertrug man ihm die Leitung einer Beratungsstelle, wo er viele Jahre mit neuen Gruppen und mit seinem Team arbeitete.

Der Panther hatte Richard schlussendlich den Weg aus seinen Ängsten heraus und hin zu seiner jahrzehntelangen erfolgreichen und erfüllenden Arbeit mit Gruppen gewiesen.

Bernd Schmids Ansatz der individuellen Beratung

Dieses Lesebuch enthält eine Zusammenstellung von Beratungen zum Spektrum „Schattenintegration". Es handelt sich um reale Beratungen, die von Bernd Schmid geführt und per Tonband aufgezeichnet wurden. Sie erfolgten in den Curricula der isb GmbH in Wiesloch[4] und wurden von der jeweiligen Lerngruppe der Professionellen beobachtet.

Die Fälle sind anonymisiert, zeichnen jedoch nahezu wörtlich die Beratungseinheiten nach.

Die transkribierten Beratungen sind durch Zwischenkommentare ergänzt, um dem Leser die Struktur zu verdeutlichen, wesentliche Zwischenschritte zu markieren und die Arbeitsweise von Bernd Schmid zu erläutern.

Ergänzend zu jeder Beratung findet eine Reflexion auf der Metaebene statt. Andrea Mikoleit hinterfragt erlebte Beratungssequenzen und diskutiert mit Bernd Schmid seine Wahrnehmungen, seine Ansätze und Impulse, die ihn in der Beratung geleitet haben.

Die Anrede in den isb-Curricula erfolgt üblicherweise in der zweiten Person, weshalb auch die Beratungen in der Du-Form geführt wurden. Die übrigen Personenbezeichnungen in den allgemeinen Teilen dieses Buches sind aus Gründen der besseren Lesbarkeit oft auf die einfache männliche Form, zum Beispiel „der Klient" oder „der Berater" reduziert; selbstverständlich liegt darin keine mindere Wertschätzung der Autoren für Klientinnen, Beraterinnen usw.

---

[4] Im Folgenden „isb" genannt.

„Gebrauchsanweisung" zu Bernd Schmid und seinem Beratungsstil

Damit das Gelesene besser eingeordnet werden kann, soll hier eine kurze „Gebrauchsanleitung" zu Bernd Schmid als Berater vorangestellt werden. Diese erläutert er auch den Klienten mündlich vor den jeweiligen Beratungen, damit ein schnelleres Miteinander-in-Kontakt-Kommen und gemeinsames Arbeiten möglich ist. Auf weitere Aspekte, zum Beispiel auf Erläuterungen zum typischen isb-Beratungsstil und auf Gedanken zum Thema „Sind Ratschläge auch Schläge?", geht dieses Lesebuch im Anschluss an die Beratungen ein.

Direktiver Stil

Bernd Schmids Beratungsstil ist eher direktiv und konfrontativ in dem Sinne, dass er sich für die Richtung der Beratung, und für die Auseinandersetzung mit aus seiner Sicht anstehenden Themen verantwortlich fühlt. Er beschränkt sich also nicht auf das, was der Klient selbst als Thema, als Problembeschreibung oder als Lösungswunsch anbietet, sondern macht aktiv Angebote aus Perspektiven heraus, die dem Klienten so nicht in den Sinn gekommen wären. Dabei leiten ihn Beobachtungen bei sich selbst, bei seinem Gegenüber und zur sich entwickelnden Beziehung in der aktuellen Beratungswirklichkeit, Erfahrungen und Ansichten gemäß seiner Lebens- und Berufserfahrung und auch intuitive Einfälle. Er bietet also eine kreative Gestaltung über das hinaus, was und wie der Klient sich Wirklichkeit und Beratung vorstellt. Dabei respektiert er selbstverständlich die Entscheidungen des Klienten, auf solche Angebote einzugehen – oder auch nicht – und versucht, mit ihm gemeinsam erste, noch unbeholfene Ansätze zu einer inspirierenden und stimmigen Wirklichkeitsversion auszubauen. Seine Lebenserfahrung bringt er dabei aktiv ein, immer mit einem Blick darauf, ob sie die Klientenwirklichkeit bereichert und ob sich der Klient darauf einlassen kann. Auf die kritische Mitarbeit des Klienten legt er großen Wert, beispielsweise in der Evaluation, ob vorgeschlagene Ansätze hilfreich für ihn sind.

Experimentieren

Bernd Schmid arbeitet gern transparent, spricht eigenes Erleben sowie Überlegungen zu seinen Vorgehensweisen laut aus und macht diese Schritte damit deutlich. All das dient einem offenen, nachvollziehbaren Experimentieren und Austausch darüber, wie Klient und Berater sich dabei selbst zu orientieren und zu steuern versuchen. Insbesondere prüft er, ob er sich ein Bild von der Wirklichkeit des Klienten aufgrund dessen Schilderungen und Verhalten machen kann. Dies kann auch intuitiv sein. Auch klärt er, in welchem „Zusammenhang" und als „Beitrag/Beispiel wozu" der Klient gerade erzählt. Denn erst dann kann man entscheiden, was näher geklärt oder auch außer Acht gelassen werden kann. Anstatt absehbaren Schemata zu folgen, entsteht so ein jeweils individueller Mix aus Methoden, Modellen und Vorgehensweisen, der aus der Ideenwelt des Beraters entspringt und zum Klienten und seinem Beratungsanliegen passen könnte.

Humor und Unerwartetes

Bernd Schmid mag Humor, wenn dieser in der jeweiligen Situation angemessen ist, weil sich hierdurch erfahrungsgemäß gerade bei Belastungen mehr Spielräume eröffnen. Oder frei nach Georg Christoph Lichtenberg: „Wenn Scharfsinn ein Vergrößerungsglas ist, so ist der Witz ein Verkleinerungsglas."[5] Und vermutlich werden damit die wichtigeren Entdeckungen gemacht. Auch zitiert er gern Milton Erickson, einen seiner wichtigsten Psychotherapielehrer, der seinerseits für seine aktive und unkonventionelle Therapie berühmt war: „Bring humor to psychotherapy. Your patients bring sorrow enough."[6] Dramatisierung beantwortet Bernd Schmid mit Leichtigkeit und „Geplänkel" mit freundlichem Ernst. Er überrascht auch mal mit Ideen und Vorgehensweisen oder fordert eine Auseinandersetzung heraus. Dadurch soll in der Begegnung ein Kontrast zu den Gewohnheiten des Klienten erzeugt werden, wenn erkennbar wird, dass ihn diese Gewohnheiten nicht weiterbringen werden.

Handwerklichkeit

Immer wieder betont Bernd Schmid die solide Intervention als komplementäre Kraft zur Lust am Experimentieren. Dazu vergleicht er Beratung gern mit Tennisspielen. Denn um möglichst jeden Ball zu kriegen und platziert zurückspielen zu können, ist es wichtiger, dass man fit ist,

---

[5] Georg Christoph Lichtenberg, (1742 - 1799), deutscher Physiker und Meister des Aphorismus, Quelle: Lichtenberg: Sudelbuch D, 1773-1775. [D 469]

[6] „Bringe Humor in die Psychotherapie. Deine Patienten bringen genug Sorgen." Mündliche Äußerung von Milton Erickson 1979 in einem von ihm geleiteten Seminar. Siehe Zeig, Jeffrey K. (Hrsg.): *Meine Stimme begleitet Sie überallhin. Ein Lehrseminar mit Milton H. Erickson*, Stuttgart 2006 (9. Aufl.).

den Gegner und sein Spiel genau beobachtet und sich gut in Position bringt, anstatt sich übereifrig in den Wettkampf zu stürzen: „Gelassen abwarten, wie aufgeschlagen wird, sich dann voll darauf einstellen und sich leichtfüßig in Position bringen. Dann reichen meist Standardschläge, um entscheidende Punkte zu machen." Und gemäß dieser Analogie funktioniert seiner Erfahrung nach auch gute Beratung: „Der Berater sollte Dinge in Ruhe klären und durchdenken, in seiner Kraft bleiben und nichts Unmögliches versuchen. Blindflugkompetenz wird von Beratern nicht erwartet." Bernd Schmid arbeitet ressourcenschonend und versucht, es weder sich noch dem Klienten unnötig schwer zu machen. In diesem Sinne führt seiner Erfahrung nach eine handwerklich solide Beratungsarbeit mit höherer Wahrscheinlichkeit zum Ziel als „Geniestreiche" – die ohnehin meist nur dann benötigt werden, wenn man sich als Berater zuvor durch Nachlässigkeiten in eine Notposition gebracht hat.

Hinweise für Zuhörer und Leser

Jede Beratung und jede Beziehung zwischen dem Berater und dem Klienten sind individuell. Das empathische Sich-in-die-Haut-des-Klienten-Versetzen und die Frage „Wie ginge es *mir* damit, wenn der Berater *das* zu mir gesagt hätte?" führen zu einer Überidentifikation mit der Situation und mit dem Klienten. Stattdessen sollte man betrachten: „Wie geht es dem *Klienten* damit? Was wird für *ihn* daraus?". Das heißt, die Beurteilung der Beratungsansätze und -schritte sollte nicht vorrangig auf Basis von Identifikationen erfolgen, sondern anhand der Frage, welche Wirklichkeiten dadurch zwischen Berater und Klient – und schlussendlich beim Klienten mit sich und seinen Welten erzeugt werden.

Die vom Berater verwendeten Ansätze sind nicht die einzig möglichen. Andere Beratungsideen, Charaktere und Umstände der Beratung können einen andersartigen Verlauf zur Folge haben, und ebenso wertvolle Ergebnisse hervorbringen. Denn jeder Berater, jeder Klient und jede Beratung sind *individuell*.

Beratung von Sabrina: Grenzen ziehen

Die Klientin

Die Klientin ist eine junge Frau Anfang 30, die als Personalreferentin in einem großen Unternehmen arbeitet. Sie betreut die ihr zugewiesenen Führungskräfte und übernimmt zusätzliche Aufgaben aus dem Bereich der Personalentwicklung. Mit ihrer Kollegin, die ebenfalls Personalreferentin und schon länger im Unternehmen ist, teilt sie sich ein Büro. Beide berichten an dieselbe weibliche Führungskraft. Der Anlass für die Beratung ist eine E-Mail der Kollegin, mit der diese in den Zuständigkeitsbereich der Klientin eindringt.

Das Gespräch

Die Ausgangssituation

Nach einer einführenden Rahmung und Kontextvorbereitung durch den Berater schildert die Klientin ihr Problem wie folgt:

K(lientin): Ich habe gestern eine E-Mail von einer Kollegin gelesen. Es ging darum, dass eine Führungskraft, die ich betreue, ein Coaching bekommen soll, und dass meine Kollegin mit mir besprechen wollte, wie das jetzt weiter vor sich geht. Und darüber habe ich mich sehr geärgert, dass meine Kollegin jetzt involviert ist, dass sie sich..., also..., sie neigt immer dazu, sich bei mir in Dinge einzumischen. Und sie guckt mir immer auf die Finger. Oder sie versucht, Dinge an sich zu reißen, die sie eigentlich nichts angehen. Und dieser Bereich, den ich da betreue, der geht sie nichts an...

Nach dieser Eingangsaussage versucht der Berater zunächst, ein genaueres Bild von der Situation und der Art des Problems zu erhalten. In einer sogenannten Ortsbegehung stellt er die Fragen, die für ihn hilfreich sind, um notwendige Zusatzinformationen zu erhalten und sein Verständnis über die Situation zu vertiefen.

B(erater): (unterbricht) ‚Geht sie nichts an' – woraus leitest du das ab? Habt ihr Zuständigkeiten für Führungskräfte oder habt ihr die Gewohnheit, dass derjenige, der zuerst mit einer Person befasst ist, auch dran bleibt, es sei denn, es gibt eine formale Übergabe? Oder woran machst du fest, dass es sie nichts angeht?

K: Weil wir..., also eigentlich ist es so, dass jeder seinen eigenen Bereich betreut und dass wir uns austauschen. Aber trotzdem macht jeder seine eigene Sache. Und auch, wenn wir Personalentwicklungsthemen haben, macht jeder seinen Teil für sich. Da mische ich mich nicht bei ihr ein, es sei denn, sie fragt mich, und das macht sie sehr viel. Ich möchte sie bei meinen Themen aber nicht mit ins Boot holen, weil ich weiß, dass sie darin nicht so gut ist und... ähm..., sie will dann schlussendlich auf Gemeinsames auch immer ihre Marke draufsetzen und mich dafür ausnutzen. Und das möchte ich einfach nicht. Ich möchte, dass sie sich um ihre Sachen kümmert und sich nicht bei mir einmischt.

B: Also die Antwort ist, dass verabredet ist, dass jeder für sein Projekt zuständig ist. Ist das mal besprochen worden, wie ihr das handhabt, oder ist das eine Praxis, die sich entwickelt hat?

K: Ich würde sagen, es ist mehr so eine Praxis. Es wurden auch schon mal Dinge angesprochen. Man kann aber nicht gut mit ihr sprechen, und ich möchte das gern unterbinden. Ich möchte da jetzt mal einen Schlussstrich ziehen, vielleicht auch mit ihr sprechen und irgendwie eine Regelung finden.

B: So, ich höre, woran du dich störst, wie du die Situation beschreibst und was du gerne anders hättest. Das ist ein Problem, für das es Lösungen gibt. Was ich aber bisher nicht so ganz verstanden habe: Was ist dein Steuerungsproblem an dem Problem? Also etwas, das du vielleicht brauchst, was du aktuell nicht zur Verfügung hast?

K: (zögernd) Ich weiß nicht, wie ich es ihr sagen soll, weil sie es nicht zulässt..., also..., ähm…, Feedback lässt sie gar nicht zu.

Während die Erzählung der Klientin bis hierhin überwiegend aus Schilderungen und Beispielen bestand, warum die Situation für sie schwierig ist, formulierte sie im letzten Satz erstmals, worin sie ihr Problem sieht, ihr sogenanntes Steuerungsproblem. Im Steuerungsproblem liegt die Frage, warum die Klientin bisher nicht selbst in der Lage war, das erkannte Problem zu lösen. Die Beratervermutung ist, dass ihr Werkzeugkoffer, gefüllt mit persönlichen Fähigkeiten, Instrumenten und Erfahrungen, nicht das passende Werkzeug enthält, mit dem sich dieses Problem lösen lässt. Eine Zielstellung der Beratung ist es, einen Ansatz zu finden, zu stärken oder zu entwickeln, der eine selbstgesteuerte Lösung ermöglicht. Dazu werden Konkretisierungsfragen gestellt, damit sich der Berater ein eigenes Bild machen kann und nicht nur auf die Eigendeutungen der Klientin angewiesen ist.

Der Berater versucht auch zu erfahren: a) Was hat die Klientin bisher schon versucht, um dieses Problem zu lösen?, b) Wie verliefen diese Lösungsversuche? und c) Warum haben sie bisher nicht ausrei-

chend gut funktioniert? Aus der Schilderung und Reflexion von ausprobierten Lösungsansätzen und ihren erzielten Ergebnissen lässt sich in einem aktuellen Beratungsgespräch in der Regel viel lernen.

Konkretisierung und Steuerung

B: Was tut deine Kollegin, wenn sie eine Klärung vermeidet?

K: Entweder verlässt sie den Raum, fängt an zu telefonieren oder beginnt ein Gespräch mit jemand anderem – und lässt mich dann stehen.

K: Wie geht die Situation los? Fängst du einfach irgendwie an? Oder sagst du ausdrücklich, dass du mit ihr eine Vereinbarung treffen und ihr Feedback geben möchtest und fragst, ob sie bereit ist, das zu hören?

K: Nun, ich hab das schon mal gezielt probiert. Ich habe zu ihr gesagt: 'Ich möchte gern was mit dir besprechen.' Und... ja, das hat schon mal funktioniert. Aber dann war ihr das irgendwann zu unangenehm, und sie hat gesagt, sie muss weg, sie kann jetzt nicht mehr, und dann kam immer etwas dazwischen. Und ich habe auch schon mal die Rückmeldung gegeben: ‚Wenn ich etwas mit dir besprechen will, brauche ich deine Aufmerksamkeit, sonst hat das keinen Sinn.' Und das will sie nicht. Ich merke es an jeder Reaktion, an ihrer Mimik und Gestik, dass sie kein Interesse daran hat. Oder dass sie es vielleicht auch nicht kann. Das weiß ich nicht.

B: Okay. Nochmals die Frage: Was ist jetzt dein Steuerungsproblem an der Situation?

K: (denkt nach, seufzt)

B: Denn du wirkst ja eigentlich ganz klar mit dem, wie du dich fühlst, was du willst und in deiner Einschätzung der Situation...

K: (ratlos) Ich weiß nicht, WIE ich es machen soll...

B: Was machen sollst?

K: Ich weiß nicht, was ich ihr signalisieren soll, oder wie ich auf sie eingehen muss.

B: Also du denkst, das muss in einem Peer-Gespräch gelöst werden...

K: Das wäre der erste Gedanke, ja...

B: Kennst du dazu Alternativen?

K: (zögernd) Also, weil es ja nur sie und mich betrifft...

B: Hm. Ihr habt keine Privatbeziehung...

K: Ja, aber in dieser Konstellation ist es ja ein Problem, das ICH mit ihrer Arbeitsweise oder ihrem Verhalten habe. Ich weiß nicht, ob es Sinn macht..., ich möchte nicht unbedingt die Vorgesetzte mit reinnehmen. Aber vielleicht geht es nicht anders, um einfach unsere Rollen zu klären: ‚Was ist ihre Aufgabe, was ist meine Aufgabe?'

Machtperspektive

B: Das hört sich so an, als hättest du bisher wenige Ideen, wie man formelle Macht nutzt, um sich zu organisieren, sodass du versuchst, alles mit beiderseitiger Guter-Wille-Kommunikation zu lösen.

K: Ja, ein stückweit ja.

B: Das ist ja auch schön, wenn es funktioniert. Aber wenn du jemanden hast, bei dem es nicht funktioniert, brauchst du Alternativen. Ich definiere Macht als die Möglichkeit, jemanden dazu zu bewegen, eine gemeinsame Wirklichkeit zu erzeugen. Ich brauche Einfluss darauf, dass er zugunsten einer gemeinsamen Wirklichkeit kooperiert. Du sagst mir, sie kooperiert wiederholt nicht zugunsten einer gemeinsamen Wirklichkeit. Und trotzdem überlegst du jetzt, eher noch mehr zu investieren an Betroffenheit, an Kommunikationsfertigkeit – also weiterhin nur persönliche Kommunikationsmacht einzusetzen.

K: (nachdenkend) Ja, ein stückweit schon, ja...

Bis zu dieser Stelle haben der Berater und die Klientin beleuchtet, welche Aktivitäten sie bereits zur Problemlösung unternommen hat. Zusätzlich wird auch die Art der Wirklichkeitskonstruktion der Klientin sichtbar. Sie hat wenig Erfahrung mit der Nutzung von formeller Autorität und ist der Meinung, mit diesem bürointernen Problem auf sich allein gestellt zu sein und es allein lösen können zu müssen. Der Berater arbeitet nun mit ihr an der Frage, wie sie die Unterstützung durch ihre Führungskraft besser nutzen beziehungsweise einfordern kann.

B: Für mein Verständnis von Organisationen brauchst du, auch gegenüber der Führungskraft, die du betreust, Rückenstärkung. Ich gehe davon aus, dass du eine einigermaßen vernünftige Vorgesetzte hast und dass sie ihre Rolle ausfüllt. Sie ist ja mit betroffen – und hat sicher mit dir schon mal geklärt, wie Dinge zu handhaben sind...

K: (schüttelt heftig den Kopf)

B: Nein? Erzähle mir mehr darüber.

K: Unsere Chefin ist sehr beschäftigt und nicht wirklich nahe bei den Mitarbeitern im Personalteam. Sie möchte einfach, dass die Dinge laufen, und sie will sich nicht großartig darum kümmern...

B: Das wünscht sich jede Führungskraft, dass sich die Leute selbst führen. (Gruppe lacht)

K: Ja, sich selbst führen, das ist so ein Thema. Also für mich war mein Verständnis so, wenn meine Chefin zu mir sagt, wir müssen mal gemeinsam darüber nachdenken, dass die Führungskraft ein Coaching bekommt…, dann bin ich davon ausgegangen, dass das klar ist zwischen ihr und mir. Und nicht, dass meine Kollegin mir jetzt schreibt, wir müssen uns absprechen wegen eines Coachings für die Führungskraft, obwohl sie gar nichts mit Coaching zu tun hat.

Der Berater bemerkt, dass sich das Gespräch immer wieder in Richtung Beschreibung der Ausgangssituation zurück bewegt. Er unterbricht diesen Kreislauf mit der sehr deutlichen Formulierung einer Beobachtung.

B: Das habe ich jetzt wohl verstanden. Weißt du, was ich bemerke, ist: Du beschreibst deine Befindlichkeiten und appellierst!

K: Hm.

B: Nach dem Motto: ‚Wie kann die Welt sich bloß dieser Vernunft nicht anschließen?‘ Du wirst aber immer Menschen finden, die sich deiner Vernunft nicht anschließen. Und dafür ist wichtig, dass du lernst, Machtmechanismen zu benutzen, dich nicht aufzureiben – speziell in Organisationen – und deine Autorität, die über deinen Appell an Vernunft hinausgeht, aufzubauen und zu nutzen.

K: Hmhm.

B: Wie klingt das für dich?

K: Also, ich verstehe es. Aber ich finde es gerade schwierig, mir vorzustellen, wie ich es umsetzen soll.

Eine neue Facette in der Persönlichkeit der Klientin scheint sich abzuzeichnen: ein noch nicht ausgereiftes Verständnis und Verhältnis zum Umgang mit Macht. Die Arbeitshypothese des Beraters ist, dass darin die eigentliche Wurzel des geschilderten Ursprungsproblems der Klientin liegen könnte. Damit hat sich die Zielstellung in der Beratung erweitert. Zusätzlich zur Frage nach einem passenden Werkzeug zur Lösung eines akuten Bürokonflikts erscheint eine Beleuchtung der Machtfrage für die Klientin hilfreich zu sein.

B: Denkst du nun: ‚Ja, warum nicht? Warum mache ich es mir so schwer? Warum nutze ich die Macht nicht?' Oder gibt es in dir Einwände dagegen?

K: Das denke ich sogar oft, aber ich mach's dann irgendwie doch nicht...

B: Und hast du eine Erklärung dafür, warum du einerseits die Idee hast, ‚ich könnte Macht nutzen lernen', aber es bisher nicht wirklich angegangen bist?

K: (zögernd) Ich glaube, das hat etwas mit meiner Person zu tun, weil ich eher ein Mensch bin, der probiert, Probleme anzusprechen und zu klären...

B: Klar...

K: Und nicht einfach Macht auszunutzen...

B: Das hat bei dir einfach so ein ‚Geschmäckle'...

K: Ja.

B: Okay. Also musst du, glaube ich, dein Verhältnis zur Macht erst noch entwickeln. Ich sage dir ja nicht, dass du überall den ‚Machtmenschen raushängen' lassen sollst. Wenn es elegantere, kollegialere, auf Einsicht abzielende Formen gibt, jemanden zu gewinnen und zu einem gemeinsamen Verständnis zu kommen, und man dann in diesem gemeinsamen Verständnis agieren kann, ist das prima. Aber wenn jemand damit nicht zu steuern ist, Zuständigkeiten in Organisationsräumen einzuhalten, dann ist das auf der kollegialen Ebene nicht zu machen. Dann musst du das aus der Organisationsrolle heraus klären – oder notfalls ist das die Aufgabe deiner Chefin. In deinem Fall heißt das, du musst deiner Kollegin – durch die Organisationsrollendefinitionen autorisiert – ausdrücklich erklären, was gültig oder nicht gültig ist. Vielleicht ist wichtig, dass du ihr erklärst, was dein Problem daran ist. Nämlich dass du mit deinen kollegialen Versuchen an die Grenze kommst, eine Linie zwischen dir und ihr zu ziehen. Und dass du sie nun formell bittest, sich nicht um deine Führungskräfte zu kümmern. Sollten sich die Führungskräfte direkt an sie wenden, dann soll deine Kollegin sie bitte an dich weiterverweisen.

K: Hmhm.

B: Sonst seid Ihr schwach gegenüber jemandem, der Dreieckspiele spielt. Wenn der bei dir mit seinen Wünschen nicht durchkommt, dann geht er zur Kollegin.

K: (sehr klar) Genau! Das ist das Problem!

B: Na klar.

K: Und so was hatten wir schon einmal. Und da habe ich zu meiner Chefin gesagt: ‚Wir sollten bitte mal klären, wie die Konstellation ist, und wer hier was macht.'

B: (bestätigend) Ja.

K: Auch gern im Dreiergespräch, dann sind alle Beteiligten zusammen. Sie hat mir gesagt, sie kümmert sich darum. Doch im Endeffekt habe ich über Ecken mitgekriegt, dass wieder einiges hinter meinem Rücken gelaufen ist. Und ich habe noch immer keine offizielle Info, wer was wie machen soll.

B: Dann ist aber dein größeres Problem, zu einer verbindlichen Beziehung mit deiner Chefin zu kommen. Anstatt mit deiner Kollegin.

K: (überlegt) Schon, ich muss aber sagen, ich muss mit meiner Kollegin regelmäßig sprechen, und sie erwartet ja von mir auch Input für ihre Themen, will dann am besten noch ihren eigenen Namen daruntersetzen, obwohl ich ja zu ihr gesagt habe...

B: (unterbricht) Siehst du, du klagst lieber, anstatt dass du Macht in Anspruch nimmst. Aber das ist eine Hilflosigkeit.

K: (schweigt)

B: Berührt dich das, wenn ich das so geradeheraus sage: ‚Du klagst lieber, anstatt Macht auszuüben?'

K: (fängt an zu weinen) Ich denke... (weint)...

B: (abwartend, tröstend, leise) Ich hab dich nicht verstanden.

K: Ich denke, dass es so ist.

B: Dass es so ist?

K: Also nicht, dass ich das bewusst mache...

B: Ja...?

K: (weint) Aber... (zögerlich, aufgewühlt)...

B: (abwartend, beruhigend) Ganz ruhig atmen.

K: Weil ich einfach das Gefühl habe... irgendwie... ich weiß nicht, wie ich weiter vorgehen soll...

B: Ja.

K: Und... und... dann denke ich darüber nach, was mir nicht gefällt, und dann kommt das mit dem Klagen einfach heraus.

Der Berater hat einen sensiblen Punkt der Klientin getroffen. Die Provokation zur Klagedynamik löste eine emotionale Reaktion in ihr aus. Der Berater reagiert empathisch und beruhigend. Er lässt den Gesprächsfaden an dieser Stelle jedoch nicht abreißen und versucht, die neu formulierte Beschreibung, dass es vielleicht an Selbstbehauptung fehle, nicht „verwässern zu lassen". Anderenfalls würde er in die Vermeidungsdynamik der Klientin einsteigen. Um diese Beschreibung zu verankern, wird zusätzlich die Metapher der „Machtflüchterin" eingeführt. Solche Begriffe geistern häufig noch lange nach einem Beratungsgespräch im Kopf herum und sichern auf diese Weise aufgeworfene Fokussierungen. Zur Stärkung gibt er der Klientin zunächst wertschätzendes Feedback und Rückbestätigung zu ihren bereits versuchten Aktivitäten und erreichten Erfolgen. Zusätzlich hilft er aus seiner erfahrenen Position heraus, den Werkzeugkoffer der Klientin mit ganz konkreten Formulierungen für den akuten Bürokonflikt zu befüllen. Dabei richtet sich der Blick zunächst auf die Führungskraft.

Selbstbehauptung

B: Das verstehe ich auch. Ja, okay... Ich teile deine Ansicht über dich nicht. Wenn ich dir zuhöre, habe ich den Eindruck, du hast eine Idee, wie man vorgeht, und du machst auch die richtigen Sachen. Du bist aber nicht entschlossen genug. Ich habe eher das Gefühl, es fehlt an einer Bereitschaft, Macht in Anspruch zu nehmen, an einer Entschlossenheit, dir etwas nicht bieten zu lassen. Zum Beispiel wenn ich deine Formulierung deiner Chefin gegenüber höre: ‚Da sollten wir vielleicht mal ein Gespräch zu dritt führen.' Auch da kann man sich eine entschlossenere Haltung vorstellen: ,Ich brauche an der Stelle Ihre Hilfe. Sie haben die Autorität, meiner Kollegin zu sagen, wie die Rollenverteilung aussieht. Auf mich hört sie nicht, und es ist mir zu anstrengend, ständig ihre Übergriffe abzuwehren. Daher bitte ich Sie, ihr in meinem Beisein ganz klar zu sagen, wer in welchen Fällen wie zu handeln hat.'

K: (schweigt)

B: Also wirklich, es steht dir zu, ihre Führung und die Ausübung ihrer Macht in Anspruch zu nehmen. (Pause) Wie schätzt du deine Chefin ein, ist sie denn jemand, der bereit ist, mit Macht umzugehen? Oder ist sie auch eine Machtflüchterin, die versucht, alles per ,Lass uns mal drüber reden' irgendwie zu regeln?

K: (überlegt) Nein. Sie wirkt eigentlich wie eine dominante Person, die sehr ungern redet und die..., also..., ich finde es schwierig, sie einzuschätzen. Wenn man sie kennenlernt, denkt man: ,Wow, ist das eine starke Frau! Die hat das alles im Griff und weiß, wie sie das machen muss.' Aber wenn man sie näher kennenlernt, dann merkt man, sie scheut Entscheidungen, und sie trifft einfach keine Entscheidungen.

B: Hm.

K: Und wenn sie sich in die Enge getrieben fühlt, oder wenn man wirklich auf sie angewiesen ist, dann kann sie sehr die Chefin raushängen lassen. Dann kann sie sehr dominant sein und sagt: ,Das mache ich jetzt so und so, und so passiert es.' Das macht sie aber nur sporadisch. Man weiß also nie, woran man gerade bei ihr ist.

B: Sie nutzt also Macht, aber man hat nicht das Gefühl, es ist eine verlässliche Macht.

K: Ja, so würde ich das beschreiben, ja.

B: Aha. Kann sein, dass sie sich selbst nicht richtig einschätzt. Und es kann auch sein, dass das, was ich dir vorgeschlagen habe, mit ihr so nicht funktioniert. Auf sie habe ich ja keinen Einfluss. Also…, was ich im Moment nur tun kann, ist, dich darin zu stabilisieren, dass du nicht auf die falschen Bühnen gehst, auf denen du nicht die Ausstattung hast, dein Problem zu lösen.

K: Ja.

Das Problem der Klientin mit ihrer Vorgesetzten wurde kontextbezogen beleuchtet. Es scheint plausibel, dass die Führungskraft ebenfalls ein Problem mit angemessener Machtausübung hat, besonders im Hinblick auf Maß und Kontinuität. Allerdings ist fraglich, was die Klientin dann konkret zur Problemlösung beitragen kann, außer kompetent einzuladen und sonst für sich selbst zu sorgen. Die Einflussmöglichkeiten auf die Vorgesetzte sind aus der Situation heraus gering. Daher geht der Blick nun zurück auf die Klientin und ihre eigenen, ihr zur Verfügung stehenden Ressourcen.

B: Mir ist wichtig, dass du eine klare Vorstellung von Macht hast, wie das in der Praxis aussehen würde und was dir vielleicht noch in deiner seelischen Entwicklung fehlt. Du bräuchtest etwas, was deine seelischen Kräfte und deine Entschlossenheit, dir so etwas nicht bieten zu lassen, stärken kann. Und du solltest lernen, jemanden konkret in Anspruch zu nehmen. Also ‚hinfassen und festhalten‘ anstatt ‚ein bisschen zupfen und gucken, was passiert‘. Da könnte mehr Stärke in dir wachsen, die vielleicht auch schon da ist. Aber vielleicht hast du, aus Gründen deiner Biografie oder aus anderen Gründen, die ich nicht kenne, bisher nicht gelernt, sie in Anspruch zu nehmen.

K: Okay.

B: Und wenn jemand nicht merkt, dass du es wirklich ernst meinst und dass es Ärger gibt, wenn er so weitermacht, dann übst du auch keine emotionale Macht aus. Dann kannst du dir x-verschiedene Kommunikationstechniken überlegen, und du kommst trotzdem nicht aus dieser hilflosen ‚Ich-probiere-es-noch-mal-und-noch-mal-Position‘ heraus.

K: Ich habe das schon ein paar Mal ausprobiert. Also, wenn sie was von mir wollte…,

B: (bestärkend) Ja… hm…

K: …habe ich zu ihr gesagt: ‚Das ist eigentlich nicht meine Aufgabe, das ist deine Aufgabe.‘

B: Gut. Und was ist dann passiert?

K: Dann habe ich ein Stirnrunzeln geerntet oder ein erschrockenes Gucken. Aber dann hat sie sich umgedreht und ihre Sache weitergemacht.

Angstfantasien

B: Okay, sie lässt dich also in Ruhe. Das heißt, Übergriffe lassen sich abwehren, wenn du unangenehm genug wirst.

K: Ja. Sie bohrt dann auch nicht weiter nach, wenn sie merkt, dass das Fass bei mir gerade überläuft. Ich fresse das dann auch nicht weiter in mich rein, sondern sage ihr ganz klar meinen Standpunkt.

B: Und das hilft dann auch?

K: (sehr sicher) In manchen Situationen hilft das sogar erstaunlich gut. Aber… (wieder unsicherer) was bei mir noch so ein bisschen mitschwingt, ist…, also, sie hat ein gutes Standing – ganz ehrlich – ich weiß nicht, warum. Und sie kann, wenn sie will, … dann kann sie mich richtig fertigmachen, weil sie so viele wichtige Leute kennt.

B: Wie das? Das ist eine Fantasiebetrachtung – oder?

K: Ja, fertigmachen klingt jetzt vielleicht ein bisschen hart. Aber sie kann es so steuern, dass ich die Sachen, die ich gerne machen möchte, gar nicht mehr mache.

B: Wie macht sie das?

K: Indem sie alles zu sich zieht...

B: Langsam, langsam. Das wundert mich jetzt sehr. Habt ihr denn keine Strukturen und Zuständigkeiten? Da kann sich einfach jemand einen Fall nehmen und sagen: ‚Das ist jetzt mein Acker?'

K: Also, wenn du das ganz ehrlich wissen willst, teilweise läuft das so, ja.

B: Wie geht das bei euch? Das ist eine interessante Kulturkomponente.

K: Das liegt daran, dass halt – ich komme jetzt wieder zurück auf meine Chefin – dass die halt... (zögert, stottert)...

B: (bestätigend) ...ja?

Organisationsumfeld

K: Wir sind jetzt eine ganz neue Abteilung geworden und in eine bestehende Abteilung integriert worden. Und da wurde halt eine neue Organisation aufgebaut.

B: Hmhm.

K: Und wir haben zwei Teams innerhalb dieser Abteilung und zwei Teamleiter und... ähm..., jede Woche wurde eine andere Zuständigkeit kommuniziert. Und dann haben wir immer mal nachgefragt: ‚Was ist denn jetzt eigentlich? Wer ist für was zuständig?‘. Da hat meine Chefin dann bei einer großen Besprechung einmal gesagt, wer was macht – und das wurde dann drei Wochen später wieder umgeschmissen.

B: Ja.

K: Und dann ist es noch ein paar Mal umgeschmissen worden. Da kümmert sich jetzt keiner mehr drum, und jeder hofft, dass es irgendwie läuft.

Dies ist nun eine schwierige Passage in der Beratung. Zum einen wird erkennbar, dass die Klientin mehr erfolgreiche Erfahrungen gemacht hat, als sie selbst für relevant erachtet und die sie in die Beratung eingebracht hat. Zum anderen liefert sie immer weitere Kontextinformationen, die ihr wichtig erscheinen. Von einer Metaebene aus betrachtet wird jedoch deutlich, dass es sich bei der neuen Informationsflut um ein sogenanntes „Fokus-Hopping" handeln könnte, was auf eine unbewusste Vermeidung von Konsequenzen auf einer bereits bearbeiteten Ebene abzielen könnte.

B: Also, da wird die Chefin ja sehr geschont von allen.

K: Nee, die ist verhasst von den meisten…

B: Ja, aber sie wird geschont, sie wird nicht in Anspruch genommen. Ich meine...

K: (unterbricht) Weil sie einen Abwehrmechanismus hat, indem sie uns nicht ran lässt...

B: Wie das?

K: Ja, indem sie keine Termine mit uns wahrnehmen will.

B: Das heißt wenn du einen Termin bei ihr verlangst...,

K: ...kriege ich keinen. Zwei Wochen später erst und dann..., wahrscheinlich wird er nochmals verschoben oder dauert nur zehn Minuten, und da kann ich mein Anliegen nicht besprechen.

B: Okay. Also wäre eine wichtige Sache, dass du deine Chefin damit konfrontierst oder dass Ihr das sogar zusammen tut und eine klare Führung einfordert.

K: (zögerlich) Hm.

B: Wenn die Autorität nicht gegeben ist, werden sich natürlich immer irgendwelche Geschwister streiten – jetzt mal als Familienbild. Und das ist die Aufgabe einer Chefin: ihre Autorität wahrzunehmen. (nachdenklich)

K: Hmhm.

B: (wieder mit kräftiger Stimme) Gut. Wie ist es denn sonst bei euch im Unternehmen? Ist das allgemeiner Stil, oder ist das nur in eurer Abteilung so? So, wie du mir das schilderst, habe ich den Eindruck, Ihr fühlt euch ein bisschen alleingelassen in Sachen Führung.

K: (überlegt, zögert) Das ist sehr unterschiedlich. Wir haben einige Abteilungen, die richtig tolle Führungskräfte haben, die sich sehr bemühen...,

B: Hmhm.

K: ...dass da eine richtige Struktur drin ist, dass sie auch ansprechbar sind für die Mitarbeiter. Und dann gibt es auch einige von solchen Abteilungen, wie wir es grad sind, wo es ein bisschen chaotisch zugeht und (zögert) wo man das Gefühl hat und auch von außen hört, dass die Abteilungen einen schlechten Ruf haben. Also unsere Abteilung hat einen sehr schlechten Ruf...

B: Hmhm.

K: (zögert) Da laufen teilweise Wetten, wie lange die Führungskräfte noch da sind.

B: Also schon auf der zynischen Seite.

K: Ja.

B: Wer redet auf diese Weise, anstatt dass er sagt, er kümmert sich darum?

K: Das sind sehr viele frustrierte Kollegen und viele, die schon sehr viele Veränderungen bei uns mitgemacht haben. Dafür sind wir berühmt, dass wir viele Veränderungen haben und dass viele Führungskräfte wechseln.

An diesem Punkt angekommen, haben Berater und Klientin eine Vielzahl unterschiedlicher Themen beleuchtet. Die Informationsdichte ist sehr hoch, einige Fäden scheinen zum Kern des Problems zu führen, andere vermutlich zu toten Enden. Es ist notwendig, eine Sortierung und Konsolidierung vorzunehmen und Zwischenergebnisse festzuhalten. Der Berater kommuniziert dies offen und setzt ein Pausenzeichen. Die Themensortierung erfolgt in Form eines „lauten Denkens", was den Vorteil hat, dass die Klientin aktiv in den Prozess mit einbezogen ist und Rückmeldungen zu den Arbeitshypothesen geben kann.

Sammelpunkte

B: Gut. Ich würde jetzt gern eine Pause machen, damit wir sortieren können, wo wir inzwischen angekommen sind.

K: Okay.

B: (nachdenklich) Also, wenn ich so darüber nachdenke... Ich gucke jetzt aus zwei Perspektiven. Die erste Perspektive ist: ‚Was ist dein Repertoire, deine Steuerungsmöglichkeit?' Und da habe ich den Eindruck, nach allem, was ich von dir höre: Wenn Ihr eine gute Führungskraft hättet, dann hättest du keine Probleme. Dann würdest du innerhalb einer guten Führungskultur deinen Part sehr gut spielen. Siehst du das auch so?

K: Ja.

B: Insofern ist dein Problem ein Stück ein Passungsproblem zur vorhandenen Führungskultur. Wenn das Stück gut gespielt würde, könntest du deine Rolle prima spielen. Aber wenn das Stück schlecht arrangiert ist, hast du Probleme mit Übergriffen und Schwierigkeiten, Verhältnisse zu klären und stabile zuverlässige Ablauf- und Verhaltensregeln zu entwickeln. Wenn diese Probleme vom System schlecht beantwortet werden, dann hast du in deiner Rolle als Personalentwicklerin nur begrenzt die Möglichkeit, darauf Einfluss zu nehmen. Aber du kommst auch deshalb ins Trudeln, weil du selbst die Kraft nicht aufbringst, dich mit dem System auseinanderzusetzen, sondern stattdessen ins Kreisdenken und Klagen gehst.

K: Ja.

B: Oder weil du gelegentlich versuchst, dich kollegial deiner Haut zu wehren. Aber da schwankst du zwischen Dich-wehren-Wollen und Angst kriegen, dass du ausgespielt wirst hin und her.

K: (etwas erleichtert) Ja, ich glaube, das trifft es ganz gut.

B: (atmet durch) Und da würde ich noch einmal zurückkehren zu der Seite... – es wäre gut, wenn du die Füße dabei am Boden hast. (K hatte wieder die Füße angezogen und berührte den Boden nur mit den Zehenspitzen.) Standing hat nämlich auch wirklich viel mit Füßen und Bodenkontakt zu tun. (K setzt sich wieder gerade hin mit festem Bodenkontakt) Also, da sehe ich noch Entwick-

lungsmöglichkeiten für dich, damit du unter solchen Unwägbarkeiten und Belastungen nicht abrutschst in Klagen,
Hilflosigkeit und nur gelegentliches Wehren, sondern
systematisch eine starke Position für dich aufbaust. Zum
Beispiel: Wenn wieder ein Übergriff kommt, holst du dir
möglichst früh eine Bestärkung bei Personen, die dich
mögen und dir wohlgesonnen sind. Dann kannst du einen
Übergriff seelisch gestärkt auf eine bessere Weise abwehren. Und wenn der Andere darauf nicht reagiert, musst du
es zunehmend eskalieren. Das hast du ja offenbar auch
schon getan und musst es, glaube ich, einfach systemati-
scher tun und nicht nur sporadisch, und dann musst du es
stabil halten.

K: Okay.

B: Das ist es, was ich dir für den Moment mitgeben kann,
und was du konkret tun kannst, um dir in deiner Situation
zu helfen. Hm… (nachdenkend)

*Obwohl viele Aspekte besprochen und einige Erklärungen für Ver-
haltensmuster gefunden wurden, ist der Berater unsicher, ob er schon
genügend relevante Fäden in der Hand hat. Es erscheint ihm hilfreich, noch einen kurzen Blick in die Biografie der Klientin zu
werfen. Zunächst aber werden Arbeitsergebnisse festgehalten und
neue Ausgangsbeschreibungen verdichtet, auch um dies den Mustern
der Verwässerung und des Fokus- und Ebenen-Hoppings entgegen-
zusetzen. Die Konfrontation mit ihrer fehlenden Entschlossenheit
und Konsequenz wird klar benannt. An diese Ergebnisse kann sie
dann später, zum Beispiel bei der Nachbearbeitung der Beratung,
wieder anknüpfen.*

Biografische Perspektive

B: Weißt du, deine Entschlossenheit hat noch etwas Spie-
lerisches. Es wirkt noch nicht ernsthaft, dass du das Prob-

lem für dich und für das System klären willst. Und zwar nachhaltig. Da könntest du dein Repertoire noch erweitern. Und insbesondere brauchst du, damit das nicht so anstrengend für dich ist, eine Art seelische Entschlossenheit. Man könnte auch einmal in deine Biografie gucken. Wie lief das so zu Hause mit dem Entwickeln von Standing, sich positionieren, Zuverlässigkeit? Kennst du das von deiner Familie, oder gab's das bei dir nicht?

K: (unruhig, atmet schwer)

B: (beruhigend) Lass die Füße auf dem Boden.

K: (weint) Ich kann an dem Punkt nicht weitersprechen.

B: (beruhigend) Okay. Ja, …also… Da sind in deiner Biografie einfach auch Empfindlichkeiten gewachsen. Da wirst du vielleicht auch noch ein Stück Bestärkung brauchen.

K: (weint)

B: (abwartend) In deiner Ausbildung am isb ist doch ein Selbsterfahrungsbaustein vorgesehen, wo man sich mit solchen Themen auseinandersetzen kann. Hast du diese Selbsterfahrung schon absolviert?

K: Nein.

B: Okay, das würde ich dir dann empfehlen, dass du dir da einen geeigneten Rahmen suchst. Du siehst, mit Appell ist es ja nicht zu machen. Sondern da musst du einfach noch mal gucken, was da läuft, dass du dich selbst entmachtest, und was dir helfen kann, dass du zu einer Stärke kommst, die dir hilft, dich gut zu vertreten. Und wenn aus irgendwelchen Gründen deine Familie als Vorbild nicht funktioniert oder die Verhältnisse dort nicht gut waren, dass du das hättest lernen können, dann kann man das auf dieser

Ebene klären. Hier ist jetzt aber nicht der richtige Rahmen dafür.

Da Beratungszeit immer begrenzt ist, kann der Berater der Klientin hier kein direktes Angebot machen. Aber er zeigt ihr eine mögliche Arbeitsebene auf und hilft, Ausgangsfragestellungen zu definieren. Damit kann die Klientin ihren zukünftigen Beratungsbedarf besser definieren und mitsteuern. Außerdem wird damit der Gefahr entgegengewirkt, dass bislang Erreichtes nicht genutzt wird.

Rahmungen

B: Wenn du merkst, dass auf der seelischen Ebene etwas für dich fehlt, dann ist es auch nur begrenzt damit getan zu sagen, dass du die Kollegin konsequenter abwehren musst. Das kannst du dann zwar machen, aber wenn seelisch deine Entschlossenheit nicht da ist, dann gelangst du hier an deine Grenzen. Und wenn du diese seelische Entschlossenheit in deiner Familie bisher nicht so gut freisetzen konntest, ist es vielleicht gut, ein Stück Selbsterfahrungsarbeit zu machen. (Pause)
Wie geht es dir damit, wenn ich dir das so erzähle und wir an dieser Stelle deine Biografie nicht weiter vertiefen können?

K: (Pause) Ganz ehrlich, das hätte ich nie gedacht, dass das damit zusammenhängen könnte.

B: Und jetzt?

K: (weint) Das Problem…, das wir ursprünglich besprochen haben, war für mich gar nicht so gravierend wie das…, was da jetzt gerade hochgekommen ist. Das bricht gerade so viel auf… Aber ich kann mir gut vorstellen, weiter darüber nachzudenken und mich damit zu beschäftigen. Und ich kann mir auch vorstellen, dass da eine Klärung für mich mit drin steckt. Vielleicht auch dazu, wie ich über Sachen nachdenke oder mich anderen gegenüber verhalte. Aber... es tut schon sehr weh, wenn ich darüber nachdenke.

B: Ja, ja, das kann ich mitspüren, dass es dich drückt. Und es ist lohnend, sich darum zu kümmern. Was ich spüren kann, sind Dinge, mit denen du umgehen kannst. Und diese Schmerzen sind heilsame Schmerzen. Und dass es so leicht zugänglich für dich ist, heißt, dass es eigentlich nicht so riesige Probleme sind. Du hättest mich sonst viel stärker abgewehrt. Das heißt, es sind lösbare Probleme. Und dann wünsche ich dir einfach, dass du den richtigen Rahmen dafür findest.

K: Sagen wir mal so, es sind – ohne näher darauf einzugehen – es sind Sachen, die ich ein stückweit für mich abgeschlossen hatte. Früher habe ich Dinge immer in mich herein gefressen, aber inzwischen habe ich gelernt, darüber zu sprechen.

B: Ja.

K: Darum ist es für mich jetzt auch einfacher, damit umzugehen. Deshalb kann ich mich jetzt auch damit beschäftigen.

B: Ja. Das ist auf jeden Fall gut. Und es gibt vielleicht mehr zu lernen, als immer wieder nur darüber zu sprechen. Und da brauchst du ein Stück weit kompetente Hilfe, die sich damit gut auskennt und dir helfen kann, auch andere Arten zu entwickeln, damit fertig zu werden.

K: Aha. Hmhm.

Der Blick in die Biografie der Klientin war unerwartet aufwühlend und lässt an dieser Stelle viele Fragen offen. Eine Vertiefung scheint unbedingt angeraten, da wichtige Ursachen ihrer Probleme im privat-

persönlichen Hintergrund zu vermuten sind. Allerdings liefert die gerade stattfindende Beratung nicht den passenden Rahmen, um hier fortzufahren. Es wird das Erarbeitete und die Autorität des Beraters zur Rahmung der Situation und der Handlungsmöglichkeiten genutzt. Auch wäre ein zeitlicher Abstand günstig, um das Erlebte zunächst einmal selbst verarbeiten zu können. Wichtig ist, dass der Berater der Klientin konkrete Angebote aufgezeigt hat, auf die sie jederzeit zugreifen kann, und sich darüber hinaus versichert hat, dass sich die Klientin in einer ausreichend stabilen Verfassung befindet, um in ihren Alltag zurückkehren zu können.

Nun wird der Blick zurück gelenkt auf die Organisationsebene. Die Klientin hatte den Wunsch nach konkreten Handlungsempfehlungen zur Bewältigung ihres Arbeitsalltags geäußert. Daher hilft ihr der Berater nun, ihren Werkzeugkoffer mit Sprachfiguren zu füllen.

Aktuelle Haltungen und Handlungsfiguren

B: Gut, kommen wir noch einmal zurück zu den zwei Perspektiven. Die erste umfasste dein persönliches Repertoire und deine Steuerungsmöglichkeiten. Für die zweite Perspektive, über die wir bis jetzt noch gar nicht gesprochen haben, schauen wir noch einmal auf eure Organisationskultur. Da bin ich natürlich auf deine Erzählungen angewiesen, aber wenn ich davon ausgehe, dass vieles davon stimmt, dann müsste einiges getan werden, damit Führungskultur und Zuverlässigkeit bei euch Eingang finden. Aber da kannst du in deiner Rolle nicht viel mehr tun, als zu versuchen, genau das konsequent in Anspruch zu nehmen. Wir nennen das In-Verantwortung-Nahme, und das bedeutet, dass du deine Vorgesetzte in ihrer Rolle forderst. Und dass du ihr, zwar nicht dauernd, aber in einigen für dich wirklich wichtigen Dingen, klar sagst, was du von ihr erwartest und sie fragst, ob sie bereit ist, das zu tun.

K: Okay.

B: Toll ist, dass du die Themen nicht einfach in dich hineinfrisst. Aber darüber zu reden ist auch nicht die alleinige Lösung. Wichtig ist jetzt, dass daraus Wille und Entschlossenheit entstehen.

K: Also entschlossener auftreten.

B: Ja. Weil so, wie du mir deine Chefin schilderst, habe ich den Eindruck, dass sie zwar viele Teilkompetenzen hat, aber auch nicht alles in einer vernünftigen Ordnung zueinander steht und stabil ist. Und sie ist ja durchaus bereit, ,bossy' aufzutreten, also sag ihr ,wie'. Vielleicht braucht sie da schlicht eine Anweisung...,

K: Okay.

B: ...die du ihr in deiner Rolle aber nicht von oben nach unten geben kannst, sondern nur von unten nach oben. Indem du zum Beispiel zu ihr sagst: ,Weil meine Kollegin nicht auf mich hört, brauche ich, dass Sie ihr eine klare Weisung geben, wie wir am Beispiel dieses Falls mit Zuständigkeiten umgehen. Teilen Sie, dass das die richtige Vorgehensweise wäre? Dann möchte ich Sie darum bitten, weil Sie die Autorität haben – mir steht es nicht zu, meiner Kollegin so etwas zu sagen. Und es wäre schön, wenn wir das zu dritt machen, weil ich mich dann darauf berufen kann, dass das eine von Ihnen festgelegte Regel zur Vorgehensweise ist.' Damit nimmst du sie in Anspruch, denn nun müsste sie sagen: ,Mache ich oder mache ich nicht.' Sie hat es dann schwer, keine Stellung zu beziehen. Aber solange du unverbindlich bleibst und eher klagend, kann sie einfach irgendwas machen. Und so vergeudet ihr alle eure Kräfte.

K: Aber das Problem ist, wenn ich morgen wieder ins Büro komme, sehe ich meine Kollegin. Sie wird mich dann wahrscheinlich gleich auf ihre E-Mail ansprechen, und dann muss ich irgendwie reagieren. Dann kann ich höchstens sagen: ‚Ich möchte das jetzt noch mal geklärt haben, wer hier für was zuständig ist.'

B: Ja, genau. Du kannst deiner Kollegin ganz klar sagen: ‚Das ist eine Führungskraft aus meinem Bereich. Und aus meiner Sicht trianguliert diese Führungskraft. Wenn du dich da einmischst, werden wir beide zum Spielball. Darum möchte ich dich in diesem Fall und in vergleichbaren Fällen bitten, Personen, die nicht in deinem Zuständigkeitsbereich sind, direkt an mich zu verweisen.' Das ist eine ganz klare Anweisung. Und das steht dir auch zu.

K: Okay.

B: Nur, wenn sie überhaupt nicht darauf hört, kann es schwierig sein, ihr das immer und immer wieder zu verklickern. Aber wenn du klar bist, dass das deine Grenze ist, die du setzen möchtest und die Regel, an die du dich hältst – und alles andere nicht akzeptierst – dann kann es sein, dass sie deine seelische Entschlossenheit spürt und die Finger von deinen Leuten lässt. Was du mir geschildert hast, wie es bisher zwischen euch lief, stehen die Chancen dafür nicht schlecht.

K: Ja, kann sein, dass ich das mehr ausbauen muss.

B: Darfst. (schmunzelnd) Aber ich spüre, das kommt schon so langsam bei dir durch. Jaja, es ist wichtig, dass wir unsere Reißzähne gut intakt halten. Dann müssen wir sie nicht ernsthaft verletzend benutzen. Aber die anderen müssen sie sehen, damit sie wissen, dass wir auch beißen können, wenn es notwendig ist. Das ist die klassische Doppelstrategie: sich klar wehrhaft zeigen als Basis für Friedfertigkeit. Hilfloses Lamentieren ist mit Sicherheit keine stabile Basis für Friedfertigkeit, denn jeder, der keine

Lust auf Friedfertigkeit hat, fühlt sich nicht besonders beeindruckt.

K: Okay.

Die Beratungseinheit befindet sich nun auf der Zielgeraden und der Berater prüft ein letztes Mal die Ergebnisse, indem er sich Rückmeldungen zu den folgenden Fragen abholt:

- *Wie geht es der Klientin?*
- *War die Beratung für sie hilfreich?*
- *Wurden die Probleme deutlich herausgearbeitet?*
- *Hat sie die Arbeitshypothesen und Interventionen verstanden?*
- *Sind die Lösungsideen für sie umsetzbar?*
- *Führt der aufgezeigte Weg insgesamt in die richtige Richtung?*

Zwischenauswertung

B: Wie geht es dir jetzt mit dem Besprochenen? Ich habe sozusagen deinen persönlichen Stil und was du daraus für dich – auch für andere Lebensbereiche – klären kannst, abgetrennt von dem, was du in deiner Organisationsrolle tun kannst. In der Organisationsrolle haben wir geschaut, was direkte Verhaltensmöglichkeiten von dir sein können, die alle etwas mit Entschlossenheit zu tun haben, und was dadurch auch dein Beitrag zu einer Kulturgestaltung sein kann. Von deiner Position her hast du hier natürlich nur einen kleinen Hebel. Wie geht's dir damit?

K: Ich bin jetzt ziemlich bewegt. Aber auch in einer positiven Richtung. Im Grunde merke ich – also eigentlich weiß ich – was ich machen muss. Noch nicht genau wie…, und da hat mir unser Gespräch geholfen, das ein bisschen mehr zu ordnen. Und ich kann mir auch richtig vorstellen, wie ich das umsetzen kann. Ich weiß noch nicht, wie es funktioniert. Aber ich habe auch keine Angst davor, das so zu machen, wie du es beschrieben hast, denn im Ansatz habe ich es ja schon so gemacht.

B: Genau.

K: Genau. Und…(Pause) Es wird jetzt wahrscheinlich noch ein bisschen nacharbeiten, aber eigentlich fühle ich mich ganz okay.

Krokodil als Maskottchen

B: Hmhm. Was ich dir mitgeben möchte – vielleicht hast du dazu auch etwas Materielles – ist ein sooo langes Krokodil mit sooo einem langen Maul und solchen Zähnen. Und wenn du so etwas hast als Spielzeugkrokodil, würde ich dir empfehlen, es die nächsten acht Wochen mit dir rumzutragen.

K: Ich habe ein Krokodil als Schlüsselanhänger. (alle lachen)

B: Ja, ein handliches Exemplar ist auch besser zu nutzen – wenn es nicht zu niedlich ist. Wenn du Skurrilität nicht fürchtest, wäre natürlich ein riesengroßes Krokodil das Allerbeste. Du hättest also ein großes Krokodil, das du statt Tasche die nächsten acht Wochen überall mit hinnimmst und abstellst. Und wenn dich die Leute fragen, was das ist, dann sagst du: ,Weiß ich nicht. Das hat mir der Bernd Schmid geraten. Der ist 'ne Autorität auf dem Feld – ich mach's halt mal.' (alle lachen) Dann bist du aller Erklärungsnöte enthoben.

K: (schmunzelnd) Gut. Ja.

B: Der Sinn der Übung ist…, ich hatte mal einen Klienten, der Mühe hatte, genügend Druck aufzubauen, wie es in seiner Position nötig gewesen wäre. Dem habe ich eine lange Schraubzwinge mitgegeben, und die hat er tatsächlich acht Wochen mit sich rumgetragen. Und es hatte eine enorme Wirkung. Denn so wirst du, beziehungsweise wird deine Seele ständig an das erinnert, was du verbessern möchtest. Und zwar auf eine kraftvolle metaphorische Weise und nicht in Form schnell vergessener guter Vorsätze. Das Bild ist immer präsent, und du weißt genau, wofür es steht. Das ist eine spielerische Weise, und es lohnt tatsächlich, so skurrile Sachen zu machen, denn das Gehirn wird dadurch nachgewiesener Maßen ganz schön in Dynamik gebracht. (Pause) Hast du gewusst, dass Krokodile bis zu 60 km/h schnell aus dem Fluss herausspringen können, um nach etwas zu schnappen?

K: (lacht) Ja, das habe ich mal in einem Bericht gesehen.

B: Und weißt du auch, dass wir alle ein paar Genpartikel von solchen Krokodilen in uns haben? Wir haben über unsere Vorfahren die ganze Evolutionskette in unseren Genen. Wir nehmen nicht immer alles davon in Anspruch, aber manchmal sollte man ruhig ein bisschen mehr davon nutzen. (Pause). Gut. Ich habe das Gefühl... wir haben natürlich viele Dinge damit noch nicht gelöst, aber es gibt klare Spuren, und ich würde jetzt aufhören. Wie geht es dir damit? Ist das okay für dich, wenn wir hier einen Strich ziehen?

K: Ja, das ist gut. Also den Weg..., den Weg sehe ich jetzt schon. Und (lacht) ganz ehrlich, jetzt freue ich mich darauf, morgen meine Kollegin zu sehen und einfach mal zu gucken. Und vielleicht ist es ja..., vielleicht wird es ja gar nicht so.

B: Und wie sie gucken wird, wenn du dein Krokodil auf den Tisch legst: ‚Ich hab was mit dir zu besprechen.‘ (alle lachen)

51

K: Ja, da freue ich mich auch drauf.

Hier endet die Beratungseinheit. Der Berater lädt die Klientin nun ein, auf die Metaebene zu wechseln und mit ihm gemeinsam kurz auf die erfolgte Beratung zu schauen.

Metabetrachtung mit der Klientin

B: Okay? Gut. Das Beratungsgespräch beenden wir damit. Wir gehen nun noch einen Moment auf die Metaebene. Es ist jetzt natürlich noch nahe dran, aber soweit du jetzt schon Abstand nehmen kannst, was würdest du sagen: Wie war das Gespräch für dich? Wie wurdest du behandelt?

K: Es war ein sehr gutes, ein sehr intensives Gespräch, was sicherlich noch lange nachhallen wird. Ich fand es ein sehr wertschätzendes Gespräch. Und... und ich glaube, so ein Gespräch in der Form habe ich noch nie gehabt. Und auch... mir fehlen jetzt so ein bisschen die Worte. Aber auf jeden Fall sehr Hilfe gebend. Ich fühle mich jetzt nicht, als ob ich keine Antworten hätte. Also hilfreich vor allem.

B: Gut, ich danke dir für dein Vertrauen.

Ende der Beratung

Die Beratung in der Metaanalyse

Jede Beratung ist individuell und jeder Berater hat seinen eigenen Beratungsstil. Aus Sicht eines Zuschauers ergeben sich daraus häufig Fragen, zum Beispiel: Warum hat der Berater das an dieser Stelle so gemacht? Welche Wirkung wollte er damit erzielen? Was waren seine Steuerungsimpulse?

Bernd Schmid und Andrea Mikoleit beleuchten derartige Fragen, indem sie die Beratung einer Metaanalyse unterziehen. Das heißt, sie schauen aus einer Art Vogelperspektive auf die Methoden und Steuerungselemente des Beraters und darauf, welche Wirkung sie auf den Klienten und sein Anliegen hatten.

Im konkreten Fall entwickelte sich das zunächst „harmlos" anmutende Beratungsanliegen der Klientin, nämlich die Frage zum Umgang mit der Kompetenzüberschreitung ihrer Kollegin, zu einer vielschichtigen Thematik über Reife, Macht und Biografie. Ist das für einen Berater die gefürchtete „Büchse der Pandora" – oder ein ganz natürlicher Vorgang, der neue Chancen für Perspektivwechsel und Weiterentwicklung ermöglicht? Wie kann ein achtsamer, aber dennoch zielführender Umgang damit gelingen?

AM (Andrea Mikoleit): Bernd, wie verlief die Beratung aus deiner Sicht? Was waren die Besonderheiten?

BS (Bernd Schmid): Nun, zu Beginn sah es nach einem einfachen organisationsbezogenen Anliegen aus, das die Klientin schilderte. Recht schnell wurde dann aber klar, dass hinter der gestellten Frage auch andere Probleme stecken mussten, zum Beispiel ihr Verhältnis zum Umgang mit Macht. Und obwohl wir viel an dieser Frage gearbeitet haben, wurde ich das Gefühl nicht los, dass wir noch immer nicht den Kern des Problems erreicht hatten. Ich ließ den Helikopter wieder und wieder kreisen – und dann kamen wir schlussendlich bei ihrer Biografie an.

Wertschätzung und Anleitung

AM: Du hast die Klientin frühzeitig recht hart angefasst, hast ihr mehrfach entgegnet, sie würde klagen und appellieren. Wie passt das zusammen mit Wertschätzung und Beratung auf Augenhöhe?

BS: Ich bin skeptisch, ob die Klientin meine klaren Worte als ‚hart angefasst werden' erlebt hat. Aus dem Gespräch heraus habe ich dafür keine Belege. Fakt ist: Ich unterwerfe mich keinen Konventionen, wie ein Berater 'typischerweise' zu beraten hat, und ich verwende mitunter auch ungewöhnliche Beratungsfiguren. Hier hatte ich das Gefühl, dass die Klientin die Auseinandersetzung mit beunruhigenden Themen vermeidet, indem sie die Ursachen nur in ihrem Umfeld gesucht hat. In einem solchen Fall arbeite ich daran, dass sich die Klientin solchen Hinterfragungen stellt. Wie sie dann mit der Antwort umgeht, ist natürlich ihr überlassen, und ich biete ihr hierfür meine ganze Unterstützung an. Um wertschätzend zu arbeiten, muss es während der Beratung nicht ohne Unterlass nett und sanft zugehen. Eine Metapher: Als guter Surflehrer unterrichte ich meine Schüler gerade auch in starken Winden. Lasse ich sie immer in einem wellenlosen Übungsteich umherfahren, halten sie sich nach kurzer Zeit sehr elegant auf ihrem Brett. Aber sobald sie in ein reales Gewässer gelangen, erleiden sie Schiffbruch. Damit habe ich ihnen keinen guten Dienst erwiesen.

Wie viel Biografie?

AM: Woher weißt du, wann ein Blick in die Biografie des Klienten sinnvoll ist und wann nicht?

BS: Ich probiere verschiedene Dinge aus und schaue, ob sie zur gerade benötigten Stärkung des Klienten beitragen. Das können seelische Bilder, Selbsterfahrungen, Zwiesprache etc. sein. Ich bin kein Freund davon, chronisch in die Biografie des Klienten zu gehen. Manchmal kann man Dinge einfach auch überwachsen lassen. Wenn der Klient durch Neuentwicklung alte Dinge loslassen kann, ist das meist zu bevorzugen. Manchmal kann das für ihn aber zu anstrengend sein, und dann ist es besser, einmal in die Biografie zu gucken. Dann kann man als Berater Gehörtes besser einordnen und ein in die Zukunft gerichtetes Lern-Design entwickeln. Bei sehr jungen Klienten können ,elterliche Korrektive' als Erfahrung wichtig sein. Jedoch ist nie die Quantität einer Erfahrung entscheidend, sondern allein die Qualität. Mitunter setzt ein einziges Gespräch dieser Art so viel in Gang, dass man anschließend auf keine anderen Bühnen mehr gehen muss.

Umgang mit Gefühlen und Autorität

AM: In diesem Fall führte die kleinste Berührung der Biografie zu einer sehr starken Reaktion bei der Klientin. Was tut ein Berater am besten in einem solchen Fall?

BS: Das Wichtigste ist, Ruhe zu bewahren. Außerdem sollte man nah beim Klienten bleiben und die Situation aufmerksam beobachten. Oft ist es schon hilfreich, dieses starke Gefühl mit dem Klienten gemeinsam auszuhalten, das heißt, dem Gefühl Raum zu geben. Man kann versuchen, das, was passiert, in Worte zu fassen, zum Beispiel: ,Ich sehe, dass diese Frage sehr schwierig für dich ist.' Durch solche Beschreibungen kann man dem Klienten Anknüpfungspunkte geben, zu denen er vielleicht etwas sagen möchte. Sobald er wieder mit dem Berater in Kontakt ist und redet, ist die Situation bereits auf dem Weg in die Deeskalation. Oder man fragt ihn direkt, was er gerade benötigt. Atemübungen können helfen oder vielleicht ein Glas Wasser. Ein Berater darf natürlich auch empathisch reagieren, wenn dies seiner Wesensart entspricht, und beispielsweise sagen: ‚Ich fühle diese große Traurigkeit und Schwere mit dir.' Hierbei muss er jedoch aufpassen, dass er sich nicht in der Gefühlsebene des Klienten verliert und dadurch die Distanz und die eigene Steuerungsfähigkeit verliert. Dem Klienten ist nicht damit geholfen, dass der Berater die gleiche Anzahl Taschentücher benötigt wie er selbst, sondern damit, dass der Berater ihm einen Weg im Umgang mit seinen Gefühlen zeigt.

AM: Was passierte hier mit der Klientin? Ihre starken Gefühle zeigten sich erst gegen Ende der Beratung. An dem Kern des Problems konntet ihr hier nicht weiter arbeiten. War das zuträglich für sie? Und wie konntest du sicher sein, dass sie im Anschluss nicht stärker in dieser Situation feststeckte, als es aushaltbar für sie war?

BS: In einer einzelnen Sitzung kann man naturgemäß nicht alle Probleme lösen. Aber es ist schon ein großer Schritt, Zusammenhänge überhaupt erkennen und benennen zu können. Die Erkenntnis dieser Zusammenhänge kam für die Klientin unerwartet und wurde deshalb von starken Emotionen begleitet. An dieser Stelle ist es sogar von Vorteil, wenn sie das Erlebte erst einmal selbst verdauen kann und sich in Ruhe überlegt, wann sie welche weiteren Schritte gehen möchte. Ihre Emotionen waren in der Beratung leicht zugänglich, das ist in der Regel ein Indiz dafür, dass es sich nicht um ein besonders schweres oder existenzielles Problem handelt. Ich habe ihr bereits während der Beratung konkret aufgezeigt, wie sie an diesem Thema weiterarbeiten kann. Sie hat sehr schnell positiv darauf reagiert, das heißt, die Chance ist groß, dass sie hier tatsächlich die Initiative ergreifen und passende Angebote nutzen wird. Und natürlich habe ich mich nach ihrem Wohlergehen erkundigt, auch noch einmal im Anschluss an die Beratung, und ihr versichert, dass sie sich bei Problemen jederzeit melden kann. Sie hat einen stabilen Eindruck auf mich gemacht, daher mache ich mir um ihr Wohlergehen keine Sorgen.

AM: Ist man als Berater eigentlich immer in einer beelternden Position?

BS: Nein. Zuallererst ist man in einer kollegialen Position. Manchmal ist man in einer erfahreneren Position und nur selten in einer beelternden Position. Es hängt davon ab, was der Klient an dieser Stelle benötigt und was der Berater selbst leisten kann. Schwierig kann es sein, wenn der Klient deutlich älter ist als der Berater. Aber dann kann der Berater beelternde Figuren mental mit der Hilfe des Klienten aufbauen, zum Beispiel indem er sagt: ‚Da hätte Ihnen jemand gefehlt, der Ihnen eine Erlaubnis dazu gibt.' Oder: ‚Es hätte Ihnen sicherlich gutgetan, wenn das damals jemand zu Ihnen gesagt hätte. Wer hätte das denn sein können, damit sich dieses Gesagte besonders gut angefühlt hätte?' Man kann auch fragen, wer im Leben des Klienten eine Autorität gehabt hat, um daraus ein beelterndes Arrangement zu kreieren. In der Hypnotherapie nennt man das indirekte Suggestion, und erklären kann man sie an folgendem kurzen Beispiel: Wenn ich dem Klienten sage, da hätte ihm jemand gefehlt der sagt ‚Das darfst du!', dann bin ich zwar nicht dieser Jemand, der das sagt. Aber in der Art, *wie* ich es sage, spiele ich in diesem Moment die Rolle dieses Jemands. Und weil unser Gehirn nicht so stark kategorisiert ist, unterscheidet es hier nicht. Daher kann beim Klienten durch mein Gesagtes dieselbe seelische Reaktion eintreten, wie wenn dieser Jemand es zu ihm gesagt hätte.

Wie viel Erfahrung braucht man?

AM: Und was tut man als Berater, wenn das Thema doch einmal zu groß wird? Zum Beispiel wenn man auf ein Kindheitstrauma stößt und sich dessen Bearbeitung nicht mehr zutraut?

BS: So etwas kann in jeder Beratung passieren, und das ist auch nicht tragisch. Wichtig ist, es klar zu benennen, beispielsweise: ‚Das scheint mehr aufzurühren, als wir hier gut versorgen können. Was hilft Ihnen, sich in dieser Situation zu stabilisieren?' Oder: ‚Ich glaube, das Thema sprengt hier gerade den Rahmen. Doch wäre vielleicht hilfreich für Sie, sich in einem geeignetem Rahmen eine Unterstützung zu gönnen?'

AM: Welche Empfehlung hast du gerade an junge Berater, um trotz noch nicht voll ausgereifter Erfahrung oder Expertise schon gut beraten zu können?

BS: Zuallererst: Die Vorzüge eines jeden Alters genießen und genießen, dass man Lernender sein darf. Der Vorteil des Älterseins löst sich irgendwann auf. Ich bin jetzt 60. Was sollte an meiner Art der Beratung besser sein, wenn ich 80 bin? Also am besten schon frühzeitig das Loslassen lernen. Natürlich gibt es Beratungen, in denen spezielles Fach- oder Branchenwissen vom Klienten gewünscht wird, weil dieser sich auch inhaltlich einen Sparringspartner wünscht. Das wird sich dann über die Passungsfrage lösen, indem der Klient einen bestimmten Berater in Person oder einen Beratertypus auswählt, ebenso wie manche Klienten nur von einem Mann und andere nur von einer Frau beraten werden möchten. Aber bei der Vielfalt von Klienten und deren Professionen kann auch ein sehr erfahrener Berater maximal auf einem kleinen Gebiet ein Fachexperte für die Themen seiner Klienten sein. Manchmal liegt der Schlüssel für eine erfolgreiche

Beratung tatsächlich in der Erfahrung bezüglich inhaltlicher Anliegen, meist aber eher in der Technik der abstrakten inhaltsarmen Beratung. Das eigentliche Fachthema interessiert nämlich meist weniger als beispielsweise Fragen wie: ‚Wofür ist das geschilderte Anliegen ein Beispiel? Welche Wirklichkeitskonstruktionen leiten sich daraus ab? Worin liegt das Steuerungsproblem des Klienten?' Und um damit arbeiten zu können, braucht man kein ausgebildeter Ingenieur, Controller, Arzt etc. zu sein, sondern nur ein solide ausgebildeter Berater beliebigen Alters.

Persönliche Haltungen entwickeln

AM: Beratungsinstrumente zu erlernen ist das eine. Aber wie erlernt man diese spezielle Haltung einem Klienten gegenüber, die man in deinen Beratungen immer wieder beobachten kann?

BS: Das ist Professionalität und Persönlichkeitsentwicklung. Man lernt es im Umgang mit einem Handwerkszeug, aber es ist viel mehr als das eigentliche Handwerkszeug. Ein guter Berater wird man, wenn man seine eigene, auf seinen Eigenarten basierende, Professionalität entwickelt. Denn am Tag des Jüngsten Gerichts wird man mich nicht fragen: ‚Warum warst du nicht die Nummer eins unter den Beratern?', sondern: ‚Warum warst *Du* nicht *Bernd, der Berater*?' Berater, die ihre Instrumente gut anwenden, gibt es viele. Aber wenn man nicht seine eigene individuelle Sache daraus macht, geht viel von der Wirkung und von der Selbstfindung verloren.

Metabetrachtung mit der Klientin

AM: Du bist mit der Klientin nach Beratungsende auf die Metaebene gegangen, um die Beratung kurz zu reflektieren. In diesem Fall war es eine Teilnehmerin eines isb-

Curriculums, das heißt, sie ist an derartige Perspektiv-wechsel gewöhnt. Führst du ‚normale' Klienten auch auf die Metaebene, und können Ungeübte eine Beratung überhaupt in dieser Weise reflektieren?

BS: Ja, das mache ich auch mit Ungeübten. Dieser Be-trachtungswechsel gelingt nicht allen Klienten gleich gut. Aber es ist wichtig, nicht in der Beratungswirklichkeit zu versinken, sondern eine gemeinsame Steuerungsebene auf Augenhöhe aufzubauen. Außerdem finde ich es wichtig, dass man lernt, von sich selbst ein bisschen Abstand zu halten.

Beratung von Alexander: Der Mafiaboss in dir

Der Klient

Der Klient ist Mitte 40 und Inhaber eines Omnibusunternehmens, das er vor über zehn Jahren von den Eltern übernommen hat. Seitdem hat er das Unternehmen weiter ausgebaut und verfügt über eine gute Vernetzung innerhalb seiner Branche. Sein Anliegen betrifft eine Standardpersonalsituation in seinem Unternehmen, die jedoch für ihn persönlich weit darüber hinausgehende Wirkungen hat. Berater und Klient begegnen sich zum ersten Mal.

Das Gespräch

Vorklärungen

Der Berater leitet nach der Begrüßung die Beratung mit einigen Klärungen und Steuerungsimpulsen zur Beratung ein. Das inhaltliche Anliegen wird zurückgestellt.

B: Wir kennen uns nicht, und daher möchte ich mit einigen Eingangsfragen beginnen: Gibt es irgendetwas, das ich über dich wissen sollte, um möglichst hilfreich zu sein? Wie kennst du dich selbst? Merkst du gut, ob etwas für dich stimmt oder nicht?

K: Da gibt es nichts Spezielles. Ich glaube, dass ich in so einem Prozess belastbar bin.

B: Gut, dann fangen wir jetzt einfach an. Ich höre erst mal ein bisschen zu. Und dann steige ich irgendwo mit ein und sage dir, was für Informationen ich noch brauche oder auch nicht brauche, wenn wir noch nicht wissen, wofür wir es brauchen. Ich werde also laut ein paar Steuerungsinformationen geben. Okay?

K: Ja, gern.

B: Gut, dann fangen wir an: Was ist dein Anliegen? Was hat dich bewogen, hier zu sitzen?

Herangehensweise des Klienten

K: Seit zwei Tagen bewegt mich etwas, und ich bekomme es nicht richtig weg. Und weil ich mich kenne, weiß ich, dass Dinge, die ich nicht in einer Stunde gut wegbekomme, etwas mit mir zu tun haben. Und in dem Fall weiß ich nicht, wo das Problem bei mir ankert, dass ich es nicht wegbekomme.

B: Hmm. Okay. Und die Fragerichtung ist: ‚Wie betrifft es mich?'

K: Die Frage ist: ‚Wo tickert das Problem bei mir an, dass ich mich nicht selbst steuern kann im Sinne von: ‚Aha, das ist das Problem – jetzt lege ich es für drei Tage zur Seite, und dann gucke ich, wie ich es konstruktiv angehe.'

Die Schilderungen des Klienten und die Art seiner Darstellung sind bereits so gehaltvoll, dass der Berater hier länger verweilen möchte. Der Klient verwendet eine ruhige Sprache, wirkt aber dennoch sehr aufgewühlt. Der Berater hat den Verdacht, dass dies mit der Art der „Problembearbeitung" zusammenhängen könnte und vielleicht weniger mit dem aktuellen Problem. Er versucht daher, das emotionale Gerüst des Klienten besser zu verstehen. Das eigentliche Anliegen kennt und erfragt er noch nicht, da es für den Moment und diese Art der Betrachtung nicht wichtig ist. Gleichwohl ist ihm die Erwartungshaltung des Klienten bewusst, dass dieser gern seinen konkreten Vorfall schildern möchte, und er gibt ihm dazu ein Verständnissignal.

B: Ich frage dich gleich, was das konkrete Problem ist. Aber vorab erst mal: Passiert dir das häufiger, dass dich etwas ‚antickert' und du es nicht verpacken und dort mal für eine Weile lassen kannst? Die Fachleute nennen es ‚Containment'.

K: Es passiert mir im Laufe meines Alterns, meiner Arbeite immer weniger, vielleicht alle drei bis sechs Monate.

B: Und wenn du mal an Beispiele aus den letzten zwei Jahren denkst: Wie ist es bisher dann weitergegangen, wenn du so etwas erlebt hast?

K: Es war gut, wenn ich es durch ein Coaching, durch ein Gespräch, in eine Form bringen konnte, in der es für mich ‚be-handel-bar' wurde – im Sinn eines Verstehens.

B: Das heißt, dass du einen neuen Zugriffspunkt gefunden hast? Dass du dem Problem einen neuen Platz zuordnen konntest, mit dem du dich komfortabler gefühlt hast?

K: Ja, genau.

B: Wenn dich etwas nicht leicht loslässt, nutzt du also die Gelegenheit für dich, einen zweiten Blick einzuholen. Wenn du etwas gut einordnen kannst, neigst du dann weniger dazu, dir Hilfe zu holen?

K: Mit meiner Frau bespreche ich natürlich immer wieder Themen. Und auch da sind es immer Kleinigkeiten, sind es Denkprozesse, die einen dann wieder ein Stück weiterbringen. Aber professionelle Hilfe? – Da kriege ich viel selbst geregelt und gesteuert.

Die Unternehmersituation

B: Gib mir mal ein paar Informationen zu deinen äußeren Umständen. Also, wo bist du tätig, was machst du dort, wie lebst du? Aber immer nur ganz kurze Stichworte, damit ich das einordnen kann.

K: Ich bin vom Ursprung her Unternehmer. Vor 15 Jahren habe ich das elterliche Unternehmen übernommen – nach ein paar Holpersteinen –, habe es weiterentwickelt und vergrößert, habe es professionalisiert und habe das Unternehmen an eine Betriebsleitung übergeben. Operativ habe ich mich in den letzten zwei Jahren sukzessive rausgezogen, das heißt, ich bin strategisch und normativ mit drin, bin... es ist ein Transportunternehmen, ich bin auf anderen Ebenen für die Branche tätig, mache Verbands- und Lobbyarbeit. Ich habe Familie, vier Kinder, bringe das gut zusammen. Ich würde sagen, dass ich sehr gut in Balance bin, mit Familie und Beruf und meinen verschiedenen Feldern.

B: Und deine Berufsentwicklung ist auch auf dem richtigen Weg?

K: Glaube ich, ja.

B: Toll, schön. Gut, das reicht mir erst mal. Sagst du mir jetzt bitte, was es ist, das dich angetickert hat, was du nicht richtig einordnen kannst?

Der Berater hat sich nun ein erstes Bild von der Situation des Klienten gemacht. Gleichzeitig hat er im Sinne des Drei-Welten-Modells (Berufswelt – Organisationswelt – Privatwelt) in kurzer Form alle Lebenswelten des Klienten beleuchtet. Auf den ersten Blick werden hier keine großen Brüche oder Verwerfungen sichtbar. Nun ist der Punkt erreicht, an dem das eigentliche Anliegen erfragt wird.

Der Auslöser

K: Als ich am Montag früh hierher gefahren bin, bekam ich einen Anruf von unserer Betriebsleiterin, dass ein Mitarbeiter gekündigt hat. Hm, okay. Ich könnte jetzt sagen: Betrifft mich nicht, ist nicht mein Bereich, ist ihr Bereich. Jetzt kommt aber dazu, dass der Mitarbeiter von den Ursprüngen her…, dass es eine persönliche Beziehung zu ihm gibt, und dass wir das überhaupt nicht einordnen können.

B: Wer kann das nicht einordnen?

K: Wir. Die Betriebsleitung und ich. Die hat mich informiert.

B: Ja. Aber ihr habt auch ein bisschen darüber gesprochen, dass ihr euch wundert, warum das so ist?

K: Ja, natürlich. Weil das ein sehr gutes Verhältnis mit dem Mitarbeiter ist. Er hat ein hohes Engagement und ist so ein bisschen auch… ich sage mal ‚Ziehsohn'. Wir haben ihn gefördert und entwickelt. Und dann kommt diese Nachricht. Wir konnten es überhaupt nicht einordnen. So, und das erste war dann eine große Verwunderung. Aber ich merkte, damit, dass er eine Entscheidung trifft, die ich nicht verstehen kann, kann ich einigermaßen leben. Ich muss nicht alles verstehen. Ich weiß nicht alles. Es hat mich dennoch nicht losgelassen. Und ich habe noch eine zweite Information dazu, dass er zu einem Kollegen geht. Im Prinzip haben wir Omnibusunternehmen ein gutes Verhältnis zueinander, aber da gibt es einen Unternehmer, an dem ich hängenbleibe. Ich habe Probleme mit seinem Verhalten. Und das ist, glaube ich, auch die Ebene, wo das Problem ist. Er betreibt sein Unternehmen ganz recht, er macht gute Arbeit, aber auf kleiner Flamme. Ich glaube, dass ich wesentlich engagierter bin als er. Ich mache mir auch mehr Gedanken über Personalentwicklung und Fairness und Führungsstil. Vor über zehn Jahren, als ich das Unternehmen übernommen habe, ist er einmal zu mir gekommen und sagte: ‚Also, damit du die Spielregeln kennst: Wir werben uns gegenseitig keine Mitarbeiter ab.‘ ‚Okay, alles klar, alles in Ordnung.‘ Das ist dann ein oder zwei Jahre gegangen, bis ein Mitarbeiter von mir zu ihm gegangen ist. Ich wusste, dass der Mitarbeiter bei uns unzufrieden war, also habe ich ihn ziehen lassen. Dem Unternehmer gegenüber habe ich das einmal angesprochen und gesagt: ‚Du, das fand ich nicht in Ordnung, aber es ist jetzt so.‘

Verletzende Unternehmerkonkurrenz

B: Und wie hat er darauf reagiert?

K: Er ist nicht darauf eingegangen. Jetzt passiert dasselbe wieder. Und ich habe inzwischen eine Information bekommen, dass auch Fahrer von anderen Unternehmen bei ihren Chefs anklingeln und sagen: ‚Wir messen uns an diesem Unternehmen und wollen mehr verdienen.‘ Das Unternehmen zahlt mehr. Seine Philosophie scheint zu sein: ‚Wir zahlen ganz oben, wir zahlen höchste Löhne, und dann muss ich mich um das Personal nicht kümmern. Die kommen dann einfach angelaufen, und ich kann mir aussuchen, wen ich haben will.‘ Und das lässt mich nicht los. Zum einen, weil er mal Spielregeln aufgestellt hat, die er jetzt nicht einhält. Und zweitens, weil ich mir so viele Gedanken mache über Unternehmensführung, über Personalführung, über verlässliche Führung, über vorhersehbare Führung, über faire Führung – und er kommt einfach mit diesem Mechanismus Geld und nimmt mir meine Leute weg.

B: (zustimmend) Hmhm.

Der Klient reagiert emotional. Die These des Beraters, dass das aktuelle Problem nicht in der Kündigung des Mitarbeiters liegt, erhärtet sich. Stattdessen scheint es sich um irgendein Thema zu handeln, das mit „Beziehungen" in Verbindung steht. Folglich lenkt der Berater seinen Fokus nun hierhin und versucht, das sich abzeichnende Bild weiter zu schärfen.

K: Und daran hänge ich. Das hat dann vielleicht etwas zu tun mit… also gefühlsmäßig… also … ich hab das Gefühl: Ich bin in der schwächeren Position. Er übernimmt. Ich bin in einer gewissen Ohnmachtssituation, wo ich, wo mich…

B: Sag es ruhig so, wie es dir gerade einfällt.

K: Das kriege ich nicht geregelt, ich… Also, mein Wunschverhalten wäre, dass ich das einfach zur Kenntnis nehmen und bis Freitag ablegen kann. Und wenn ich dann wieder zu Hause bin, spreche ich mit dem Mitarbeiter und überlege, was ich mache. Und dann gehe ich zu dem Kollegen und führe ein Gespräch mit ihm und sage: ‚So, sollen wir uns weiter an die Spielregeln halten, oder willst du etwas ändern…?' Aber das schaffe ich nicht. Ich kriege das nicht hin. Und ich werde das Thema persönlich nicht los.

B: Hmhm.

K: Und das ist mein Problem. Ich weiß nicht, warum ich das Thema nicht zur Seite legen kann für drei Tage.

B: Und wenn es immer wieder aufpoppt, welche Szene ist dann oben auf? Also was ist das, das dich zuerst beschäftigt?

K: (überlegt) Ich gebe mir so viel Mühe, ein Unternehmen professionell zu führen. Und er führt sein Unternehmen auf der Sparflamme und kämpft dann mit so einem primitiven Mechanismus.

B: (überlegt) Also, ich habe natürlich keine Information zu eurer Branche und euren Gepflogenheiten und kann nicht beurteilen, was berechtigt ist und was nicht. Aber so wie es sich dir darstellt, versuchst du, dich werteorientiert zu verhalten. Der Mitarbeiter ist ja so etwas wie ein Ziehsohn, wo du auch ein Stück Herzblut mit reingegeben hast.

K: (bestätigend) Hmmm.

B: Und dann kommt einer und will Spielregeln vereinbaren. Er versucht also auch, Werte und Berechenbarkeit und Zuverlässigkeit zu vermitteln, und…

K: (unterbricht) … und nimmt mir was. Er nimmt mir was!

B: Was nimmt er dir?

K: (überlegt) Er nimmt mir einen guten verlässlichen Mitarbeiter, der... Und er nimmt mir was von meinem Unternehmerstolz.

B: Mir wäre eine andere Formulierung eingefallen. Ich biete sie dir einmal an, gucke mal, ob sie passt: Er nimmt dir den Lohn für deinen Anstand.

K: Ja. Ja. Ja! Ja, zu dem kann ich stehen. Ich habe den immer anständig behandelt. Und das fuchst mich, ja. Und das geht tief. Ja.

B: Hmhm. (überlegt) Ich nehm's jetzt mal grad so – und mal gucken, ob es das schon ist.

Hier fühlt sich der Klient vom Berater verstanden und geht in (laut)starke Resonanz mit dem Erklärungsmuster für seine Gefühlsreaktion. Der Berater „quittiert" auch, dass er die Reaktion des Klienten aufgenommen hat, aber er ist noch nicht überzeugt, dass dies eine hinreichend vollständige Beschreibung ist. Daher beleuchtet er mögliche weitere Felder durch „Probebohrungen". Dabei hat er intuitiv bereits eine Hypothese, die sich in den eigenen Einfällen zu erkennen gibt. Als Format wählt er den persönlichen Erfahrungsbericht. Wenn der Berater dem Klienten aus der eigenen Historie, aus eigenen Erfahrungen oder aus Träumen erzählt, tut er dies nicht aus dem Selbstzweck des Erzählens heraus. Stattdessen bietet er dem Klienten damit Parallelen zu dessen Wirklichkeitserleben an, die dieser oft noch nicht sehen oder noch nicht akzeptieren kann. In der Form der Ich-Erzählung bleiben diese Wirklichkeiten zunächst ausschließlich beim Berater und haben augenscheinlich nichts mit dem Klienten zu tun. Der Klient entscheidet dann für sich, was er von diesen Wirklichkeiten als zutreffend oder relevant für sich empfindet. Diese Aspekte kann er dann vorurteilsfreier annehmen, als wenn der Berater versuchen würde, sie ihm aufzuzwingen.

Beratergeschichte und Resonanz

B: Okay…, ich möchte dir gern etwas aus meiner Historie erzählen. Ich bin in einer Umgebung mit festen Werten aufgewachsen: bürgerlich, evangelisch, anständig, schaffend, verlässlich und so weiter. Ausgestattet mit diesem Wertegerüst hatte ich große Mühe, als junger Psychotherapeut mit charaktergestörten Menschen zu arbeiten. Ich brauchte ein richtiges Training dafür, und es fällt mir auch jetzt noch schwer. Das Problem ist nämlich, dass manche Menschen zwar dauernd Spielregeln und Werte im Mund führen, sich aber überhaupt nicht daran halten. Und zu verstehen, dass ich so jemanden mit einem Appell an Anstand überhaupt niemals erreichen kann, war für mich eine schwierige Lektion. Ich musste damals tatsächlich lernen, dass man so einen Menschen nicht im eigenen Bezugssystem erreicht, sondern nur unter Nutzung von *dessen* Bezugssystem. Zum Beispiel ihm klar droht oder ihm etwas wegnimmt, was ihm wichtig ist und sagt: ‚Wenn du das noch mal machst, gibt es Ärger.' Ich musste also Spielregeln lernen, die meinem bürgerlichen Anstand überhaupt nicht entsprachen, und das fand ich sehr schwierig. Das ist mir jetzt dazu eingefallen. Und vor diesem Hintergrund würde ich dich fragen, ob du in deinem Leben auch schon solche Erfahrungen gemacht hast? Erfahrungen, dass Leute, mit denen du zu tun hast, mit gutbürgerlichen Spielregeln nicht zu kriegen sind und sich einfach nicht danach steuern? Oder ist das ganz neu für dich?

K: Wenig. Wenig. Also… nein, dass ich in der Art schmerzliche Erfahrungen…, also, dass es mich so geschmerzt hat, da fällt mir jetzt spontan nichts ein. Bestimmt hat es so was gegeben, aber nicht in einem großen Ausmaß, sodass ich es nicht geübt habe.

B: Gibt es sonst in deiner Familiengeschichte irgendeine Story dazu von jemandem, der da mal schlechte Erfahrungen gemacht hat?

K: (überlegt) Wie meinst du das?

B: Ist vielleicht irgendjemand aus deiner Familie einmal von Geschäftspartnern oder von Familienmitgliedern betrogen worden – einfach über den Tisch gezogen worden?

K: Nein, nein, das gibt's nicht. Also ich weiß… (grübelnd)

B: Dir ist da gerade etwas eingefallen. Sag doch mal, was das ist.

K: Ja, das, was ich von mir weiß und bereits aufgearbeitet habe, ist, dass es ganz frühe Störungen in der Mutter-Sohn-Beziehung gegeben hat. So in den ersten zwei Lebensjahren vermutlich. Nichts äußerlich Dramatisches, aber wo es um die Feinabstimmung ging.

B: Hmhm. (schweigt)

Der Klient bietet dem Berater an dieser Stelle in Form der Mutter-Sohn-Beziehung eine vollkommen neue Blickrichtung für die Beratung an. Anstatt sich sofort auf dieses Thema zu stürzen, wartet der Berater zunächst ab, was der Klient selbst daraus entwickelt und welche Problematik er daraus ableitet.

K: Feinabstimmung ist immer ein Thema für mich. Wo ich auch jetzt immer wieder drauf stoße, ähhm, dass es für mich passen muss. Ja, dass es wichtig ist, ob es für mich passt und dass es etwas mit Macht und Ohnmacht zu tun hat.

B: Das hast du ja vorher auch gesagt, Du fühlst dich ein Stück ohnmächtig dem anderen Unternehmer gegenüber.

K: Ja.

B: Es mag sein, dass das im Hintergrund mitschwingt. Ist dir das vorher schon bewusst gewesen, oder kommt dir das jetzt erst als möglicher Hintergrund in unserem Gespräch?

K: Vorher schon, das Thema Macht und Ohnmacht, ja.

B: Vorher schon. Und in deiner Familie gibt es wenig Erfahrungen, auf die man zurückgreifen kann, wie man mit Leuten, die Winkelzüge machen und sich um bürgerliche Regelmechanismen nicht wirklich scheren, umgeht.

K: (bestätigend) Hmm.

B: Insofern ist das natürlich beunruhigend, weil du mit deinem üblichen Instrumentarium nicht wirklich etwas ausrichten kannst. Also angenommen, der andere Unternehmer wäre so, wie das Bild jetzt entstanden ist. Dann kann man gar nicht viel mit ihm reden. Es sei denn, es gelingt dir, ihm in seiner Logik verständlich zu machen, dass es besser ist, sich nicht mit dir anzulegen.

K: Ja, das wäre eine Möglichkeit. Das wäre dann aber erst der zweite Schritt: ‚Wie gehe ich damit um?‘ Im ersten Schritt hänge ich an der Frage: ‚Warum hängt dieses Thema so emotional an mir?‘

Die Mutter-Sohn-Beziehung ist bereits wieder aus dem Fokus gerückt, was zeigt, dass sie nicht relevant im Sinne des eigentlichen Anliegens war. Der Berater hat inzwischen eine gute Vorstellung davon, wie sich das Problem beschreiben lässt und bahnt den Weg der Machtfrage an. Er beharrt auf seiner Fokusebene, zumindest so lange, bis er einen Hinweis darauf erhält, dass sie nicht hilfreich ist – anstatt, dass sie nur aufgrund von Unvertrautheit oder Unbehaglichkeit vom Klienten vermieden wird.

Auf der Prozessebene entsteht hier zwischen Berater und Klient eine „Konkurrenz der Betrachtungen und Herangehensweisen“. Es geht um das Verstehen der Betroffenheit vs. dem Erkunden der Machtdimension. Dem Klienten ist die Machtdimension an dieser Stelle nicht willkommen, und er versucht, ihr auszuweichen. Passt sich der Berater an diese gewünschte Herangehensweise an, erreicht er nichts. Verlangt er dem Klienten an dieser Stelle jedoch die Konfrontation mit der Machtdimension ab, und zwar obwohl das zunächst unerbeten ist, hat der Klient die Chance, einen Entwicklungsschritt zu machen. Der Berater entscheidet sich, einen Weg weiterzuverfolgen, der die Chance birgt, über die Konfliktvermeidungsmuster des Klienten (wenn es sie gibt) hinauszuführen. Ideal ist, wenn der Klient dabei erlebt, dass ihm diese kraftvolle Konfrontation am Ende mehr bringt als das alleinige Einfühlen des Beraters in seine Betrof-

fenheit. Indem er die Begegnung zulässt, kann er sich solchen Haltungen annähern und sie als wertvoll begreifen. Mit dem Gegenüber in eine derartige inhaltliche Klärung zu gehen, reicht nicht aus, wenn man im Verhalten und mit seinen Interventionen innerhalb des Bezugsrahmens des Klienten bleibt. Stattdessen muss der Prozess selbst eine andere Erfahrung auslösen. Dies nennt man eine „antithetische Prozessgestaltung".

Steuerungsmechanismen

B: Meine implizite Annahme dazu ist, dass es dich beunruhigt, wenn du nicht weißt, ob du die Lage mit deinen üblichen Wirkmechanismen bewältigen kannst.

K: Ja.

B: Du verspürst Beunruhigung dem Mitarbeiter gegenüber, weil du dich fragst, ob Geben und Nehmen einen Wert haben. Und ob daraus bleibende Spuren entstehen, auf die man sich beziehen kann. Und Beunruhigung dem Kollegen Unternehmer gegenüber, weil du ihn daran erinnern willst, dass er mal Regeln aufgestellt hat und sich daran halten soll. Aber es kann sein, dass all dies keine Wirkung hat – so wie Aquaplaning, weil dein Profil nicht bei dieser Straßenlage greift. Und was dann?

K: Ja, genau. Ja, Steuerung! Steuerung ist für mich sehr wichtig, und auch Kontrolle. Und hier geht was aus meiner Kontrolle heraus. Und da komme ich persönlich in ein schwieriges Fahrwasser. Wo ich mich auch selbst nicht mehr so steuern kann, wie ich mir das wünsche.

B: Hmhm. Es ist ja toll, dass du dir dein Leben so eingerichtet hast, dass du dich in der Regel in Umgebungen aufhältst, wo deine Steuerungsmechanismen greifen. Wo andere sich im Wesentlichen an dieselben Regeln halten.

Und es kann sein, dass du jetzt Erfahrungen machst, wo diese Steuerungsmechanismen einfach nicht greifen.

K: Ja, und ich komme dadurch in eine Position, die ich nach meinem Gefühl nicht verdiene, wo ich mich doch so sehr anstrenge – irgend so etwas.

B: Wann immer du nach, vereinfacht gesprochen, ‚bürgerlichen Normen‘ agierst, ist derjenige, der sich nicht daran hält, der Stärkere. Das ist einfach so. Und da gibt es jetzt für dich quasi nur zwei Richtungen. Die eine Richtung ist, dass du sagst…

K: (unterbricht) Wir kommen jetzt…, jetzt fängt es leicht an, in meinen Ohren zu surren.

B: Hmhm. Und was bedeutet das?

K: Stress.

B: Stress?

K: Würde ich sagen, ja. Das halte ich zwar gut aus, aber ich nehm's wahr.

B: Ich finde es wichtig, dass du mir das sagst…

K: (unterbricht) Also überhaupt nicht bedrohlich.

B: Nein, aber wir sind jetzt an einem Punkt, wo dir die Ohren sausen.

K: Ja, wo ich merke, für mich wird's schwierig. Und wo du vermutlich auch richtig liegst.

B: Ja.

K: Wo wir auf der richtigen Fährte sind.

B: Wo du mit einem Angstthema in Kontakt kommst. Weil du da in eine Welt kommst, in der du keinen Ansatzpunkt hast, weil das, was du dir erworben hast, einfach nicht greift.

K: Ja, und es ist dieses Gefühl des Ausgeliefertseins.

Der Klient unterbricht die Sequenz und schildert eine körperliche Reaktion, die durch die Beratung bei ihm ausgelöst wird. Der Berater sieht darin eine neue Ebene der Kooperation. Es ist positiv, dass er so viel Vertrauen zum Berater hat, dass er zu einer derart intimen Schilderung bereit ist. Seitens des Beraters ist es nun wichtig zu zeigen, dass dieses Vertrauen nicht enttäuscht werden wird. Er signalisiert, dass er die Information aufgenommen und verstanden hat („Ich finde es wichtig, dass du mir das sagst") und ihr Bedeutung beimisst („[…]wir sind jetzt an einem Punkt, wo dir die Ohren sausen [...] wo du mit einem Angstthema in Kontakt kommst"). Es wäre aber nicht sinnvoll, an diesem Punkt länger zu verweilen und sich von Betroffenheit und ihren emotionalen Zusammenhängen leiten zu lassen. Und so bewegt sich der Berater thematisch weiter, jedoch nicht, ohne einen achtsamen Blick auf den körperlichen Reaktionen zu belassen. Das Thema „Angst" wird ein Ansatzpunkt für den weiteren Verlauf der Beratung. Die Fokussierung wird aber weniger auf die Gefühle an sich, als vielmehr auf die Auslöser und den Umgang mit diesen erfolgen.

Angst und Bezugsrahmen

B: Also, es kann sein, dass du in dieser Welt tatsächlich auch einen Schaden erleidest. Und dann geht es darum – wenn sich dieser Schaden in Grenzen hält – wie du ein Verhältnis dazu finden kannst, dass es halt so ist, dass du auch Opfer bist, ohne dich unbedingt wehren zu können. Wenn man auf das Ganze guckt und diese Erfahrungen in einem vielleicht Drei-Prozent-Segment bleiben, wäre das doch auch nicht so bedrohlich, oder?

K: Naja, wenn ich in die Opferposition gehe, liegt natürlich nahe, dass ich nächstes Mal selbst zum Täter werde. Ist es also dienlich, in diese Position zu gehen?

B: (schmunzelnd) So wie du grad guckst, blitzt es in deinen Augen, wenn du vom Täter sprichst. Hast Du denn schon Fantasien dazu?

K: Nein, das nicht! Aber wenn ich ‚Opfer' höre, ist in meinem Kopf gespeichert, dass Opfer und Täter ganz eng beieinanderliegen. Eigentlich ist das nicht das, was ich…, das ich…, ähm…, in das Spiel möchte ich nicht eintreten.

B: Okay. Aber wenn das Bild, wie wir es jetzt gezeichnet haben, stimmt, wenn dir etwas genommen wird, indem sich andere nicht an Spielregeln halten, dann musst du ein Opfer bringen. Manchmal wird man im Leben einfach betrogen. Und ich habe schon öfter versucht, mich dagegen zu wehren. Meistens wird es dann teurer, als wenn man sich nicht wehrt und etwas abschreibt, das nicht zu retten ist. Aber man darf dann natürlich nicht sein Selbstverständnis daran hängen und denken, dass man etwas anderes empfinden oder tun müsste. Es sollte eher so sein, wie mit einer Stechmücke: Wenn man sie nicht rechtzeitig erwischt, dann hat sie halt ein bisschen Blut gekriegt – was soll's.

K: Okay, aber das passiert dann ja erst im zweiten Schritt. Irgendetwas ist passiert, und ich kann mich dann entscheiden, wie ich mich dazu positioniere. Aber im Moment hänge ich ja daran, dass ich mein Thema nicht loswerde. Nicht gut loswerde. Nicht einmal gut zur Seite packen kann.

Der Vorstoß des Beraters war für den Klienten zu schnell. Dieser rudert zurück, indem er seine Ursprungsfrage wieder in den Fokus rückt. Derartige Reaktionen muss der Berater ernst nehmen, wertschätzen und mit dem Klienten besprechen. Anderenfalls geht die Beratung auf Augenhöhe verloren, und der Klient würde vielleicht in eine Blockadehaltung verfallen. Im vorliegenden Fall erläutert der Berater dem Klienten seine Strategie, weil er die Beratung erst dann thematisch vorwärtsbringen kann, wenn sich beide auf eine gemeinsame Vorgehensweise geeinigt haben.

Tempo und Vorgehen erneut abstimmen

B: Das verstehe ich. Gut, dass du das jetzt noch einmal sagst. Implizit arbeite ich jetzt in zwei Richtungen. In der ersten Richtung versuche ich, mit dir folgende Szenerie zu entwerfen: Angenommen, es ist so, und du erleidest tatsächlich ein Stück Unrecht. Wie kannst du dich darauf beziehen, ohne zu denken, du müsstest dich schützen können? Du könntest dieses Unrecht dann leichter loslassen, weil du gar nicht denkst: ‚Da muss ich mich doch wehren!'

K: Das hat aber so einen Beigeschmack. Und der Beigeschmack ist: Ich werde zu Unrecht in eine schwächere Position gestellt durch dieses Verhalten. Also, mir wird was genommen. Ja… Ähm… Ja, wobei wir dann wieder bei dem Thema sind von meinem Verständnis her… (Pause, denkt nach) Ja, also…, ich fühle mich als Unternehmer ganz wohl, oben zu schwimmen.

B: Hmhm.

Der Klient ist sehr aufgewühlt. Das Anzeigen der Richtungen ist zu viel auf einmal. Auch braucht er Zeit, sich mit dem „nicht so leicht zu kontrollierenden" Verhalten des Beraters auseinanderzusetzen und eine eigene Position zu finden, die aber dennoch über seine Ge-

wohnheiten hinausgeht. In diesem Geschehen steckt so viel Energie, die sich einen Weg bahnen muss, dass es ungeschickt wäre, den Klienten schroff abzubremsen, um ihm die zweite Richtung zu erläutern. Stattdessen zeigt sich der Berater zunächst empathisch, damit kein problematisches Muster bestärkt wird, passt aber auf, den roten Faden des Gesprächs im Kopf zu behalten, damit seine Hypothesen nicht ungeprüft verloren gehen.

K: Das gehört für mich auch für mein Wohlbefinden dazu.

B: Das sei dir gegönnt.

K: Und hier komme ich in die Position, wo ich unten schwimme.

B: Ja, das passiert auch mal.

K: Auch mal. Genau. Aber da sind auch Ängste, denn das könnte ja auch öfters oder immer wieder mal vorkommen.

B: Ja, das meine ich. Ich glaube, deine Angst wird größer dadurch, dass du denkst: ‚Wehret den Anfängen, sonst gibt es kein Ende.'

K: Genau!!!

B: Und deshalb versuche ich ja, dir zu sagen: Ja, es kann sein, dass du in einem Segment von vielleicht drei Prozent wirklich etwas erleiden musst. Aber das heißt ausdrücklich nicht, dass das der Anfang vom Ende ist, dass dein Selbstverständnis Schaden nimmt und dass sich dieses Segment ausweitet. Meine Frage ist: Könntest du dich damit abfinden, dass du an dieser Stelle einfach mal blutest – und zwar zu Unrecht?

K: (schweigen) Ich MUSS mich wohl damit abfinden.

B: (lacht) Wir haben ja noch nicht über die zweite Richtung gesprochen.

K: Ich MUSS mich damit abfinden. Die Frage ist dann: 'Wie geht es MIR dabei? Kann ich mich damit arrangieren, immer mal bei den drei Prozent zu sein?' Ich strenge mich regelmäßig an, um nicht bei den drei Prozent zu sein – und hier gelingt es mir durch Anstrengung nicht. Und das macht mir Mühe, weil ich hier die Steuerung verliere. Ich spüre so einen leichten Druck – es macht mir Mühe.

B: Nicht schön, aber aushaltbar?

K: Jaja (Pause). Für mich ist die Frage, was passiert bei mir…?

B: (unterbricht) Warte mal. Lass uns da mal bleiben. „Nicht gern' – das hab ich jetzt verstanden (lacht). Aber jetzt lass uns alternativ einmal die zweite Richtung durchspielen.

Wieder versucht der Berater, die zweite Richtung in das Gespräch einzubringen. Aber der Klient ist noch so gefangen von seinen Gefühlen, dass er dies gar nicht wahrnimmt, sondern den Einwurf komplett überhört hat. Er läuft Gefahr, sich in diesen Gedanken zu verlieren. Damit dies nicht geschieht, unterbricht der Berater den Redefluss dieses Mal energisch und führt das Gespräch zum roten Faden zurück. Auf der Prozessebene vermutet der Berater, dass er durch den Klienten kontrolliert werden soll. Dies deutet häufig darauf hin, dass der Beratungsprozess durch einen Bezugsrahmen des Klienten bestimmt wird: kontrollieren oder kontrolliert werden! Eine Anpassung des Beraters würde diesen Bezugsrahmen nicht infrage stellen, was jedoch aus Sicht des Klienten nachteilig wäre. Also sucht der Berater nach einer Möglichkeit, bei dem beide Wirklichkeiten wechselseitig Geltung bekommen, notfalls auch durch konstruktives Streiten.

B: Die zweite mögliche Richtung ist, dass du übst, mit Leuten umzugehen, die sich nicht an Spielregeln halten. Und wenn du erwägst, dich zu wehren, müsstest du deine hundertprozentige Wohlanständigkeit aufgeben und zu fünf Prozent den Mafioso in dir anerkennen.

K: (unterbricht) Ne! (Pause) Mein Bild, wie ich mich zu einem Problem verhalte, ist, in der angemessenen Größe meine Meinung dazu zu sagen.

B: (unterbricht) Jetzt willst du es wieder bürgerlich anständig machen und hoffst, dass der andere sich niederlegt...

K: (unterbricht) Das wäre eigentlich mein Ziel...

B: (unterbricht, lauter werdend) Wenn der andere so wäre, wie wir ihn hier mal probeweise geschildert haben, dann will er das überhaupt nicht. Dann musst du ihm – im übertragenen Sinne – sein Lieblingsspielzeug wegnehmen und sagen: ‚Wenn du das je wiedersehen willst, dann darf das nicht mehr vorkommen!‘

K: Das traue ich mir nicht zu.

B: Ja eben, das habe ich befürchtet. Deshalb versuche ich, das jetzt mental mit dir zu üben. Deine Opferposition hat auch damit zu tun, dass du dich völlig auf deine Anständigkeit fixierst.

Der Klient lässt sich ein

K: (Stimmlage ansteigend, fragend) Okay...

B: Ich sage dir ja nicht, du sollst mit einer Schrotflinte zu ihm gehen, versteh mich nicht falsch. Aber es ist eine Gelegenheit, in dir dieses Feld zu erkunden. Und vielleicht ist er tatsächlich nicht anders zu kriegen. Es gibt nämlich nur diese zwei Möglichkeiten: Entweder ich lehre ihn ‚Saures' – und zwar auf eine Art, die IHN überzeugt und nicht mich – oder…

K: (unterbricht) Da fehlt mir die Fantasie…

B: Ja, da müsstest du dran arbeiten – wenn du das überhaupt wolltest. Es wäre eine Gelegenheit, deine eigene Charakterlosigkeit ein Stück zu entwickeln, zu adoptieren. Und zwar nicht, um sie zwingend auszuleben, sondern um dich nicht ausgeliefert zu fühlen.

K: (zögernd) Ja. Okay. Aber der Mechanismus überzeugt mich nicht.

B: Hmm. Wenn dein Gegenüber so ist, wie wir ihn geschildert haben, reden wir jetzt auch gar nicht mehr über diesen Mann, sondern über eine einseitige Wirklichkeitskonstruktion von Dir.

K: Ach so.

Zwischenzeitlich sind Energie und Gesichtsfarbe vollständig aus dem Klienten gewichen, und er macht einen mutlosen Eindruck. Ganz offensichtlich hat er jetzt seine Komfortzone verlassen. Für ihn ist das eine sehr anstrengende und unangenehme Situation. Sich auf etwas einzulassen, ohne es kontrollieren zu können, bedeutet für ihn vermutlich zunächst, sich unterwerfen zu müssen. Jedoch eröffnen sich dadurch Chancen für außerordentlich intensive und wertvolle Lernerfahrungen.

Die Aufgabe des Beraters ist es nun, die sich bietenden Chancen für Lernimpulse zu nutzen, ohne den Klienten an dessen Mutlosigkeit zu verlieren. Stattdessen muss er es schaffen, zum Bezugsrahmen, der dem „Kämpfen" und der „Mutlosigkeit" zugrunde liegt, eine neue Erfahrung zu kreieren. Dabei sieht sich der Berater insofern in einem Dilemma, als dass er sich durchsetzen muss, um den Weg zu einer solchen Erfahrung freizumachen. Und

*obwohl es dabei „handfest" in der Beratung zugeht, muss das Erle-
ben, dass hierdurch neue Möglichkeiten für Respekt und Augenhöhe
entstehen, dabei herauskommen.*

B: Wenn der Mann wirklich so ist, dann hast du nur diese
zwei Möglichkeiten: Entweder du wehrst dich so, dass er
es versteht. Oder du findest ein Verhältnis dazu, dass ab
und zu jemand kommt, der dir ein Stück Fleisch rausreißt.

K: Du hast 20 Jahre mehr Erfahrung als ich. Was geht dir
im Kopf herum, was du so tun könntest? Nur mal in der
Fantasie…

B: Ich kenne mich in deinem Feld nicht aus und müsste
mich kundig machen. Im Wesentlichen geht es darum,
herauszufinden: Was tut ihm so weh, dass es ihn mehr
kostet, es zu ertragen, als es mich kostet, es zu provozie-
ren?

K: Hmm.

B: Und dann kannst du zu ihm sagen: ‚Hör mal zu, es
kann sein, dass alles nur ein Missverständnis ist. Aber
wenn es keins ist, will ich dir sagen, dass du gar nicht darüber nachdenken solltest, dieses oder jenes zu tun!' Das
Besondere an solchen Menschen ist, dass sie zwar ständig
davon reden, sich werteorientiert zu steuern – es aber
nicht tun. Und die kann man nur mit etwas beeindrucken,
was sie mehr kostet, als es dich kostet.

K: Okay, ich geh mit dir mit und schau mal in mich hin-
ein. Aber noch einmal: solche Methoden sind für mich
nicht erstrangig erstrebenswert.

B: Nein.

K: Sondern eine gewisse Selbstbeherrschung: ‚Halte es
aus. Geh professionell damit um.'

B: Ja, beides ist möglich.

K: Auf dieser Fährte würde ich gern noch mal bleiben.

Der Klient ist nach wie vor nicht begeistert von Richtung zwei. Aber er hat den ersten Schock überwunden und seine Denk- und Sprachfähigkeit zurückerlangt. Dies ist wichtig, um wieder aufnahmebereit zu sein. Er setzt eigene Impulse, indem er sein ursprüngliches Thema zurückfordert. Für den Berater ist es jetzt ein Balanceakt, ihn einerseits in seinem aufkommenden Gefühl der Kräftigung und der Aufnahmebereitschaft zu stärken und ihn andererseits nicht seinen Fokus von den wirklich relevanten Themen abziehen zu lassen.

B: Also, angenommen, er ist ein bisschen charaktergestört – nehmen wir das jetzt einfach einmal an – dann wirst du ihn mit Anstand nicht beeindrucken. Dann ist Anstand einfach das falsche Instrument. Das ist so, wie wenn du einer Katze mit ‚Sitz‘- oder ‚Komm bei Fuß‘-Kommandos kommen wolltest, weil du es besser findest, wenn man sich so abstimmt.

K: Die andere Variante ist, dass er sich mir gegenüber vielleicht manchmal in einer Ohnmachtsposition fühlt, weil er mich an manchen Stellen als professioneller erlebt. Vielleicht ist das irgendein Mechanismus, der ihm gar nicht bewusst ist, zu gucken: ‚Wo kann ich dem einmal wehtun?‘

Die Wende

B: Kann sein. Aber das ist in deinem Repertoire vorhanden, mit ihm darüber zu sprechen. Ich rede jetzt mit dir über die Sachen, die nicht in deinem Repertoire sind. Damit du einen Plan B hast.

K: Mmh. Okay.... okay.

B: Denn wenn du ihn auf anständige Weise überzeugen willst, weil du ansonsten hilflos bist, dann bist du automatisch in einer schwachen Position – auch mit Anstand.

K: (bedächtig) Das verschiebt mein Weltbild ein bisschen.

B: Genau das war meine Absicht (lacht). Du brauchst eine Doppelstrategie. Wer nur anständig sein kann, ist schwach.

K: Oh… das hab ich… also… in der Deutlichkeit… das muss ich wirken lassen.

B: Mmhh.

K: (langes Schweigen) Du bleibst dabei?

B: (lacht, Auditorium lacht) Ja, es gibt keinen anderen Weg (lacht).

K: Okay…

B: (wieder ernst) Ich nehme an, du hast verstanden, dass es mir nicht darum geht, dich zum Mafioso umzuerziehen.

K: Ja.

B: Ich möchte lediglich, dass dein Anstand kraftvoller wird. Dass du noch einen Plan B hast und nicht händeringend darauf angewiesen bist, dass der andere nickt.

K: Aber das heißt, dass in meinem Kopf Spielregeln erfunden werden müssen, die für mich unter der Gürtellinie sind.

B: (bestätigend) Ja… ja, das heißt es.

K: (nachdenklich) Ja. Und dass daraus eine neue Freiheit entsteht.

An diesem Punkt zeichnet sich eine Wende ab. Der Klient beginnt, das neue Bild in seinem Kopf zu bewegen und es zu einem eigenen Bild zu machen. Was nun folgen muss, ist eine Bestätigung der positiven Dynamiken, die der Klient erkennen lässt. Anschließend kann eine Grundausstattung des Klienten mit Werkzeugen vorgenommen werden, die ihn weniger beschadet durch die ersten neuen und für ihn schwierigen Situationen bringen soll. Je nach Konstitution des Klienten und Zeitrahmen für die Beratung sollte die Werkzeugausstattung gegebenenfalls erst in der Folgeberatung durchgeführt werden. Wichtiger an der jetzigen Stelle ist, dass der Klient das neue Bild gut verinnerlichen und abrunden kann.

B: (ermunternd) Ja! Wir können es ja mal durchspielen. Angenommen, du gehst zu ihm mit der Hypothese, dass er sich dir manchmal unterlegen fühlt und dass er deshalb unbewusste Winkelzüge spielt und dass diese gar nicht nötig sind, weil ihr anständig miteinander reden wollt und anständige Kerle seid. Wenn er sich, so angesprochen, dann von selbst benimmt, ist ja alles in Ordnung. Das entspricht dann genau deiner Haltung, die ich persönlich auch die sympathischste finde.

K: (bestätigend) Mmh.

B: Nur angenommen, das hilft nicht, dann wäre es gut, wenn du in dir die Seite aktivierst, die ihm notfalls in irgendeiner Weise die Zähne zeigt, sodass er sich lieber nicht mit dir anlegt... wenn du kannst. Wenn du nicht kannst, kannst du auch nicht. Kann auch sein. (Pause) Es wäre auf jeden Fall eine Erweiterung deines Persönlichkeitsbildes.

K: (schweigt)

B: Ich kann dir ein bisschen was aus meinen Träumen von früher erzählen. Ich war auch etwas pietistisch angehaucht, schwäbisch, anständig, tüchtig erzogen und das alles – aber auch so'n bisschen trocken dabei. Und in meinen Träumen trieben sich dauernd Mafiosi rum. Italiener, gar nicht so ordentlich und teutonisch, wie ich mich verstanden hab. Und ich wusste überhaupt nicht, warum die da waren und was die von mir wollten. Nach einer Weile habe ich kapiert, dass das auch Seiten von mir selbst sind, die ich in mir integrieren sollte und die halt auch in der Welt sind – und ich mich daher auch auf sie beziehen lernen muss. Ich habe verstanden, dass ich mich nicht immerzu nur auf meiner Anstandsinsel aufhalten kann. Und dadurch bin ich, paradoxerweise, auch in meiner guten Seite stärker geworden, weil ich nicht so abhängig von ihrer Einseitigkeit war.

K: (euphorisch) Jaja, okay! Ja! Okay! Jetzt klickt's! Die Abhängigkeit von der Einseitigkeit… okay. (Pause) Ja. Okay.

B: Wollen wir…

K: (unterbricht, sehr laut) Ja, ist okay. Ich hab 'nen klaren Auftrag gekriegt! Okay.

Der Klient wird von Euphorie erfasst. Mutlosigkeit und Niedergeschlagenheit sind vergessen. Chancen für neue Lernimpulse wurden genutzt. Zur Abrundung wäre es nun hilfreich, eine Situation zu erzeugen, in welcher der Klient einen Vorgeschmack auf seine neue innere Seite bekommen kann. Wenn er einmal spürt, wie sich seine neue Stärke anfühlt, wird es ihm in der realen Situation leichter fallen, diese Stärke auch zu entfalten und einzusetzen. Der Berater will dazu eine typische Situation mit ihm durchspielen. Aber er prüft zuvor kurz, ob der Klient dazu noch willens und kräftemäßig in der Lage ist.

Beharrlichkeit in der probeweisen Umsetzung

B: Wir können die Beratung gleich beenden. Aber vorher können wir es mental ein bisschen durchspielen. Wollen wir mal…?

K: (laut, kräftig) Okay!

B: Angenommen, nur als Bild… Du gehst zu ihm hin, sprichst mit ihm. Du nutzt alles, was der bürgerliche Werterahmen hergibt und versuchst, dich mit ihm zu verständigen. Und er sagt zwar einiges dazu, aber du hast das Gefühl, es überzeugt ihn nicht.

K: Hmm. Okay.

B: Du merkst: ‚Ich hab's mit einem zu tun, der redet zwar darüber, tut's aber nicht.' Oder spätestens beim nächsten Mal, wenn er wieder etwas anders macht, als er dir zugesichert hat. Und mal angenommen, dir würde dann deine Doppelstrategie einfallen, und du sagst zu ihm: ‚Ich bin jederzeit bereit, anständig mit dir umzugehen. Aber wenn du noch einmal etwas Unfaires machst, passiert Folgendes, und das soll dir wehtun. Das heißt nicht, dass wir jetzt im Krieg stehen. Wir können danach jederzeit auf die Anstandsschiene zurückkehren. Aber für so ein Verhalten gibt es einen Schlag…'

K: (unterbricht) Aber das wäre eine Bedrohung, oder?

B: Ja.

K: Eine offene Bedrohung.

B: Ja.

K: Okay. Ja.

B: Einmal einen Schlag. ‚Tit for Tat' nennt man das System, dass man jemanden, der sich nicht an die Regeln hält, bestraft. Aber man sagt ihm gleichzeitig: ‚Wir können jederzeit zur Regel zurückkehren.‘ Das tut man, damit der andere nicht aus Angst eskaliert, sondern weiß: ‚Okay, jetzt habe ich eine gekriegt, aber wenn ich die Lektion lerne, ist auch wieder alles in Ordnung.‘

K: Uuh, ich bin gerade in die Situation mit reingegangen. Da gehört sehr viel Selbstbewusstsein dazu…

B: Ja.

K: Und da spüre ich… da fühl ich mich… da fühl ich mich… (Pause): ‚Kann ich das???‘ Weißt du, da kommt mangelndes Selbstbewusstsein dazu.

Der Klient ist aus der Spielsituation schon wieder ausgestiegen. Er weicht der Konfrontation mit dem virtuellen Gegenüber aus. Er wird sich auch der Ängstlichkeit bewusst, die er mit Anstand überdeckt. Für den Berater gibt es an dieser Stelle keine neuen Impulse mehr zu setzen, sondern das bisher Gesagte bestmöglich zu verankern. Dazu können klare und kräftige Worte und einige Wiederholungen nötig sein.

B: Ja klar. Du merkst, dass du hier Defizite hast. Es geht um Repertoire-Erweiterung.

K: Also, es geht darum, dass ich hinter dem, hinter dem… also, ich nehm das sehr ernst. Und trotzdem glaube ich, ähhm, es könnte sein…, da kommt so ein Schatten von mangelndem Selbstbewusstsein zum Vorschein. Was könnte ich denn tun, um mein Selbstbewusstsein hier etwas zu nähren, um auch authentisch zu bleiben?

B: Du musst nicht authentisch sein. Du musst nur genügend bedrohlich sein. Du bist schon wieder bei deinen bürgerlichen Auftrittsnormen. Den interessiert nicht, ob du authentisch bist. Den interessiert, wenn er so ist, wie wir ihn beschrieben haben, ob er sich vor dem, was du vorhast, mehr fürchtet, als er sich von seinen Regelverletzungen erhofft.

K: Das glaube ich nicht. Ich glaube, dass es nicht so wichtig ist, was ich sage, sondern aus welcher Haltung heraus ich es sage.

B: (unterbricht) Nein! Du kannst sogar Angst dabei haben. Hauptsache, du hast dir etwas ausgedacht, das wirksam ist.

K: (Schweigen) Ich höre, was du sagst, aber ich mag es noch nicht glauben. Weil ich mehr an der Haltung hänge als am Inhalt.

B: Ja, klar. Ja, ich versteh' schon. Deine ganze bürgerliche Anständigkeit dient ja auch deiner Angstkontrolle. Und jetzt bist du in einem Bereich, wo du die Angst nicht kontrollieren kannst, sondern dich wahrhaftig ein Stück in eine Ängstlichkeit und Unbeholfenheit und potenzielle Unterlegenheit hineinbegeben musst. In eine echte Auseinandersetzung, die du nicht aus der überlegenen Position heraus bestreiten kannst.

Als Behinderung kommt hier die Idee des Klienten zum Vorschein, er müsste gleich solide und authentisch handeln können. Auch will sich der Klient seiner Angst, ohne die diese Lektion nicht zu lernen ist, nicht stellen. Die Angst bezieht sich eventuell nicht nur auf sein Gegenüber, sondern vielleicht auch darauf, sich seine Lust an Regelverletzungen einzugestehen. Wenn es stimmt, dass er die schlummernde brutale Seite an sich selbst verleugnet, dann wird diese gerne auf Andere projiziert, und er selbst spielt Opfer und Empörer in dem dadurch provozierten und stabilisierten Beziehungssystem. Ihn hier „zu weich anzupacken", wäre eine Konfliktvermeidung durch den Berater und eine unterschwellige Bestätigung für seine Schwäche. Dennoch braucht er Rückenstärkung.

B: (sehr väterlich, tröstend) Und so eine Auseinandersetzung, die kann man überstehen, und man kann sich darauf vorbereiten. Und wirklich, wir sind ja nur bei drei Prozent; daraus darf man jetzt keinen Existenzkampf machen.

K: (zustimmend) Ja, ja.

B: (rückbestätigend) Ja.

K: (Schweigen)

B: Und es ist auch eine Mutprobe. Und die Bereitschaft zu experimentieren. Vielleicht wirst du dann hinterher sehen: ‚In dieser Disziplin ist der mit anderen Wassern gewaschen als ich. Hätte ich nicht gedacht.‘ Das muss man dann mal sehen.

K: (sehr nachdenklich, laut atmend): Okay.

B: Mögen tue ich es auch nicht.

K: Ja, es stimmt schon.

B: Aber wenn du nicht nur zahnlos anständig sein willst, sondern auch ein paar Zähnchen hast, ist es im Zweifel besser.

K: Hab ich denn Zähnchen?

B: Hmm, die wachsen manchmal zu Reißzähnen…

K: (unterbrechend, wieder sehr laut) Also, ich würde von dir natürlich gern hören: Traust du mir das zu, oder traust du mir das nicht zu?!?

B: (ebenfalls laut) Ich trau dir das zu! Ich sehe sogar ein gewisses Funkeln in deinen Augen. (alle lachen)

K: Also ich… okay…

B: Und ich glaube, dass es deiner Stärkung dient. Aber es geht nicht ohne Angst.

K: Ja, okay.

B: Wenn du das von der gesicherten anständigen Seite her machen willst, geht es nicht. Aber wenn du sagst: ‚Okay, wenn es sein muss, nehme ich auch ein bisschen Angst in Kauf. Und es ist begrenzt. Ich habe Leute, bei denen ich mir Beratung holen kann. Ich mache keinen allzu großen Schritt – es ist nicht schwer, den nachher wieder einzufangen. Und ich überlege mir einen kalkulierten Schlag. Und ich bringe das Ganze so vor, dass er mich deswegen hinterher nicht daran aufhängen kann. Und so weiter.‘

K: (bestätigend) Hm, hm. Ja.

B: Aber allein die Entschlossenheit zu sagen: ‚Okay, und das lerne ich jetzt, wenn es sein muss! Auch wenn ich dabei Angst aushalten muss!‘ Schon allein das kann dich stärken.

K: Okay. Es passt halt noch so irgendwie gar nicht zu mir…

B: (unterbricht) Du hast gedacht, du hast jetzt die Dauerkarte für den Softbereich.

K: Ja, genau. (alle lachen)

K: Aber ich nehm's. Und ich nehme es ernst.

B: Ja. Ich verstehe, dass du es nicht magst. Ich habe es auch nicht gemocht. Und wann immer ich kann, würde ich so etwas vermeiden. Aber es war nützlich, diese Seite in mir zu erschließen. Wenn es nicht anders geht, kann ich auch zu solchen Mitteln greifen. Und zwar nicht, weil ich davon überzeugt bin, sondern weil es notwendig ist, um Wirkung zu erzeugen. Meine anständige Seite ist einfach glaubhafter, wenn ich auch wehrhaft sein kann. Denn jemand, der Reißzähne hat und nicht wirklich beißt, ist ja viel überzeugender als jemand, der komplett ohne Zähne daherkommt, oder?

K: Nur damit ich es richtig verstehe, du sagst nach deiner Theorie: ‚Wenn ich mir diese innere Stärke gebe, kann ich mich auch besser wieder davon lösen?'

Durch die Belehrung und das „harte Anfassen" ist auf einer Ebene die gemeinsame Augenhöhe von Berater zu Klient gefährdet. Aber dadurch, dass der Klient nun von „Theorie" spricht, stellt er sie zum Ausgleich auf einer anderen Ebene wieder her. So muss er sich nicht „unterwerfen", wenn er sich anpasst, sondern folgt einer „akzeptierten Theorie".

Bis hierhin war es eine intensive und zeitlich lange Beratung. Der Berater hat sich von seiner geplanten Kostprobe, also dem „beherzten Durchspielen" der Situation, abbringen lassen. Es ist an der Zeit, an diesen Punkt zurückzukehren, und eine Abrundung vorzunehmen.

B: Ja. Das ist meine Vermutung. Aber man muss schauen, ob das auch so ist.

So, wir sind ein bisschen davon abgekommen, die Situation durchzuspielen. Aber wenn du dir nun vorstellst: Du gehst hin, du hast mit ihm alles geklärt. Du merkst, dass es nicht reicht und sagst ihm unter vier Augen: ‚Hör mal zu, ich tue dir weh. Ich tu's nicht gern, aber ich tue es, um sicherzustellen, dass du zu den Regeln zurückkehrst, die du selbst propagiert hast.' Und dann siehst du in seinen Augen, dass er anders guckt als sonst. Und jetzt bist du auf dem Weg nach Hause. Fährst mit dem Auto so die Straße entlang... Was geht in dir vor?

K: (schweigt, denkt nach) So ein Gefühl: ‚Wow! Dem hab ich's gezeigt!'

B: Also, es kann sein, dass das nicht gleich so klappt. Aber es wird dir ein Stück Selbstbewusstsein geben, das nicht davon abhängt, dass du dich auf Regeln berufst und dich ihm ausgeliefert fühlst. Sondern du wirst merken, dass du es ihm zeigen kannst, wenn es sein muss.

K: Hm. Ja.

B: Schön! Du hast es ja jetzt schon mal gespürt.

K: Ja. Dankeschön!

B: Bitte.

Ende der Beratung

Die Beratung in der Metaanalyse

Der Klient befand sich in einer Zwickmühle. Auf der einen Seite folgte er in seinem Handeln strikten ethischen Normen, die er als nicht verhandelbar formulierte. Auf der anderen Seite versuchte der Berater ihn – zumindest hypothetisch – dazu zu bewegen, diese ethischen Grundsätze außen vor zu lassen und sich auf das moralische Niveau seines Gegenübers zu bewegen. Ist so etwas ethisch vertretbar? Zumindest war es ein sehr großer Schritt für den Klienten, der einer sorgfältigen Begleitung bedurfte. Welche Steuerungsimpulse nutzte der Berater hierbei, um dem Klienten eine Annäherung an sein Gegenüber zu ermöglichen? Welchen neuen Handlungsspielraum eröffnete das?

AM: Bernd, ich bin überrascht angesichts der inhaltlich eher ungewöhnliche Beratung. Du schreibst in allen deinen Aufsätzen und Büchern sehr viel über Werteorientierung – aber erteilst diesem Klienten Nachhilfe im Zähnezeigen?

BS: Nun ja. Wir qualifizieren hier Menschen in potentem Umgang mit vielen Situationen des Wirtschaftslebens. Zu diesen gehört eben auch die Auseinandersetzung mit charakterlosen und manchmal kriminellen Dynamiken. Wenn man dafür kein Repertoire hat, ist man selbst hilflos und kann keine Hilfe leisten. Statt hilflos auf den eigenen Werterahmen zu verweisen, ist es gut, wenn man nicht blockiert ist, den anderen Mores zu lehren. Ich habe dazu viel vom Character-Disorder-Therapy-Ansatz der Schiff-Schule[7] gelernt und setze dies auch immer wieder in meinen Beratungen ein.

Den Wirklichkeitsbeschreibungen des Klienten folgen?

AM: Im Verlauf der Beratung gab es interessante Bewegungen. Als Beratungsüberschrift könnte man wählen: ,Wie kann sich der Klient als konkurrierender Unternehmer gegenüber seinem Wettbewerber positionieren?' Aus dieser Fragestellung heraus könnte man nun Handlungsoptionen ableiten. Um diese Handlungsoptionen geht es dem Klienten jedoch gar nicht. Stattdessen möchte er nur wissen: ,Warum wurmt mich die Kündigung meines Mitarbeiters so stark?' Aber um dieses Problem zu lösen, kommt man schließlich doch zu den Handlungsoptionen aus Sicht des konkurrierenden Unternehmers. Hast du diese Bewegungen voraussehen können?

---

[7] Vgl.: Schiff, Jacqui Lee (Hg.): *Transactional Analysis Treatment of Psychosis* (Cathexis Reader), Harper & Row New York 1975.

BS: Für mich war es etwas anders. Bei mir sind andere Hintergründe und Zusammenhänge aufgetaucht. Diese habe ich verfolgt, und sie waren mir, und wahrscheinlich im Verlauf auch zunehmend dem Klienten, plausibel. Sollte sich das nicht bewähren, wird der Klient die Konfrontation mit meinen unerwarteten Ansichten abschütteln. So sind wir schließlich bei verschiedenen Handlungsoptionen angekommen. Allerdings liegen diese in einem ganz anderen Spektrum als die, die ursprünglich zu erwarten gewesen wären.

AM: Der Ziehsohn des Unternehmers verursacht einen Schmerz, weil er geht. Aber der Fokus der Beratung liegt zu keinem Zeitpunkt auf dem Ziehsohn, sondern immer nur auf dem anderen Unternehmer? Warum?

BS: Weil das Weggehen des Ziehsohns nach eigener Wahrnehmung nicht das Problem war, das den Klienten wirklich beschäftigt hat. Deshalb habe ich einen anderen Fokus gewählt, der interessanter war.

AM: Aber es geht um verlassen werden, etwas wegnehmen, Ohnmacht, Enttäuschung... Warum bist du auf diese Gefühle überhaupt nicht eingegangen?

BS: Ich hätte mich damit auf geläufige und gut kontrollierbare Wirklichkeiten beschränkt. Das wäre komfortabler, aber vermutlich weniger fruchtbar gewesen. Wenn mir der Umgang mit seinen Gefühlen als Hauptproblem erschienen wäre, hätte ich daran gearbeitet. Aber das war alles im Repertoire des Klienten vorhanden. Stattdessen versuche ich immer, in Ergänzungen zu denken. Der hier gewählte Fokus ist vermutlich für seine Persönlichkeitsentwicklung nützlich – selbst wenn er für das gewählte Beispiel nicht angemessen oder das gewählte Beispiel falsch sein sollte. Deshalb habe ich mehrfach gesagt: ‚Wir nehmen einfach mal das Bild, und ich weiß gar nicht, ob es stimmt.' Ich habe sein Beispiel genommen wie eine Geschichte, die davon erzählt: ‚Welche Wirklichkeit erlebe ich? Wie versuche ich, mich, in dieser Wirklichkeit zu positionieren?' Ob die Geschichte tatsächlich stimmt, ist schlussendlich nicht wichtig, um an der Erweiterung seiner Persönlichkeit zu arbeiten.

AM: Aber was hat das dann mit der Lösung des aktuellen Anliegens zu tun?

BS: Das aktuelle Anliegen benutze ich immer nur als Beispiel, um die Steuerung des Klienten weiterzuentwickeln. Das heißt, die Lösung des aktuellen Problems ist maximal 50 Prozent der Miete, der Rest liegt im Steuerungsproblem. Und ganz deutlich gesagt: Wenn die Lösung des Problems innerhalb des eigenen Repertoires des Klienten liegt, ist fraglich, ob das der beste Nutzen ist, den der Klient aus der durchgeführten Beratung ziehen konnte.

AM: Woran hast du in der Beratung gemerkt, dass du auf der richtigen Baustelle unterwegs warst?

BS: Es war EINE Möglichkeit. Seine Erzählung hat Assoziationen aus meiner eigenen Geschichte geweckt, die ich dem Klienten angeboten habe. Dass sie mir in diesem Moment eingefallen ist, kann man als Ausdruck einer intuitiven Diagnose sehen. Dieser folge ich meist, selbst gegen Ablenkungen des Klienten, behalte aber im Auge, ob er die Herausforderung verträgt und insgesamt im Prozess bleibt. Und die Art und Weise, wie wenig er sich darauf beziehen konnte, hat mir gezeigt, dass hier ein unerschlossenes Feld liegt.

Ratschläge sind erlaubt

AM: Darf ein Berater Ratschläge geben?

BS: Das ist eine ständige Diskussion. Aus meiner Sicht darf ein Berater Ratschläge geben, wenn sie dem Klienten etwas bringen oder beibringen, das heißt, wenn sie zu einer relevanten Weiterentwicklung beitragen. Ich akzeptiere kein Tabu für spezielle Arbeitsformen. Jedes Mittel in einem vernünftigen Rahmen ist okay – wenn dadurch eine relevante Weiterentwicklung aus Sicht des Klienten gelingt. Ein Beispiel: Für eine spezielle Fragestellung des Klienten habe ich einen Ratschlag, zum Beispiel in Form eines Satzes. Ich gebe ihm diesen Ratschlag und lasse ihn diesen Satz vorsprechen. Anschließend entwerfe ich für ihn eine Szenerie, in der er diesen Satz ausprobieren kann. Dies ist eine der wirksamsten Methoden, jemanden an etwas maßnehmen oder ihn etwas ausprobieren zu lassen. Es wäre sehr ineffizient, wenn der Klient dies alles selbst entwickeln sollte. Allerdings funktioniert dies nicht für einen Klienten, der sich immer nur alles vorkauen lassen möchte, denn dann ist es keine Ergänzung für ihn. Man muss einfach immer schauen, ob die Methode zum Klienten passt und darf sich nicht von der Lust leiten lassen, seine eigene Lebenserfahrung oder seinen Stil zu verbreiten. Im Grunde handelt aber fast jeder Mensch unterschwellig nach dem Motto: ‚Sieh es wie ich, so ist es richtig! Und mach es wie ich, so ist es gut!' Das sollte man auch als Berater nicht verleugnen, sonst wirkt es trotzdem durch, und zwar unhinterfragt und unterschwellig.

Lebenserfahrung weitergeben

AM: Was denkst du darüber, wenn ein Berater Lebenserfahrungen weitergibt? Wird so etwas grundsätzlich gern von Klienten angenommen?

BS: In unserer Gesellschaft wird meines Erachtens zu wenig getan, um generationsübergreifend Lebenserfahrungen weiterzugeben. Es gibt gute Formen, sich mit verschiedenen Perspektiven aus sich unterscheidenden Lebenserfahrungen und mit einer Bandbreite von Lebensaltern zu konfrontieren – und zwar in jeder Richtung und ohne übergriffig zu werden. Bei uns ist das etwas verlorengegangen, und darum hört man von Beratern immer wieder, dass man bloß keinen Ratschlag geben sollte. Aber das ist eine Begrenzung, die allen Traditionen widerspricht und uns unseres Reichtums beraubt. Der Hunger nach Lebenserfahrung ist immer groß, wenn diese als Angebot in der Form ,Daraus kannst du dir nehmen was du möchtest' formuliert wird, anstatt zu bestimmen: ,Du musst folgendes tun.'

AM: Wenn ein Berater gern mit Beispielen arbeitet, um kreative Lernimpulse zu setzen, hast du eine Empfehlung, wie das gut gelingen kann?

BS: Nach meiner Erfahrung kann die Arbeit anhand von Beispielen sehr wirksam sein – wenn das gewählte Beispiel intuitiv irgendwas aufgreift, das den Klienten interessiert. Falls der Klient auch nach mehreren Versuchen gelangweilt wirkt, ist das Beispiel falsch gewählt. Das gilt übrigens für jede Intervention. Allerdings muss man sorgsam unterscheiden, ob der Klient ein Beispiel wegschiebt, weil er sich nicht mit dem Thema auseinandersetzen möchte, oder weil das Beispiel tatsächlich aufgrund falscher Auswahl nicht bei ihm greift. Wenn er beispielsweise sagt:

‚Das ist für mich nicht relevant', sollte man fragen: ‚Okay, was ist es dann, das relevant für dich ist?'

AM: Was wäre gewesen, wenn der Klient gesagt hätte: ‚Dein Vorschlag passt nicht zu meinem Wertegefühl und Schluss – hier gehe ich nicht mit?'

BS: Dann wäre es halt so gewesen. Dann hätte er die drei Prozent Unrecht akzeptieren müssen. Das muss ohnehin jeder an einer bestimmten Stelle. Jeder muss im Leben immer mal wieder eine Kalkulation aufstellen, in der er ermittelt, ob es sich lohnt, sich zu wehren. Manchmal kann dabei herauskommen, dass man einen Aderlass akzeptiert, weil es zu viel Lebenskraft kostet, sich zu wehren. Und das ist absolut okay – solange es eine bewusste Entscheidung ist und keine Frage des Sich-nicht-Trauens.

Sich an eigenen Beurteilungen orientieren

AM: Darf ein Berater zu seinem Klienten sagen: ‚So funktioniert das nicht! Das, was du machst, ist nicht richtig'? Das heißt, darf sich der Berater an seinen eigenen Beurteilungen orientieren?

BS: Ja. Aber man darf nicht sagen: ‚Das, was du tust, ist nicht richtig.' Stattdessen sollte man in der Ich-Perspektive bleiben: ‚ICH, nach meiner Lebenserfahrung, habe festgestellt, dass das so nicht funktioniert. Wenn DU in diesem Rahmen bleiben möchtest, weiß ICH dir in diesem Kontext nicht zu helfen.' Ich kann nur etwas machen, das nach meiner Lebenserfahrung Sinn ergibt. Wenn ich das Problem nicht verstehe oder mir kein Bild machen kann, mit dem ich arbeiten kann, oder wenn meine Herangehensweise nicht von dir geteilt wird oder wir in unserem Handeln keinen Weg finden, wo wir anfangen können – dann kann ICH nichts für DICH tun. Das heißt nicht, dass DU falsch liegst. Aber es heißt, dass ICH nichts für dich tun kann. Oder in einem Bild gesprochen: Wenn ich der Meinung bin, eine unangemessen dominante Seite zu haben, halte ich sie vielleicht mit allen Mitteln fern. Aber wenn ich diese Seite als ein Wildpferd begreife, dann darf ich es nicht in den Stall sperren, sondern muss lernen, es zu reiten, denn dort steckt die Energie!

Umgang mit Sprache

AM: In schwierigen Phasen der Beratung werden deine Sprachbeiträge länger. Leistest du Überzeugungsarbeit? Ist eine solche Beratungsphase gefühlt anstrengender für dich?

BS: Nun ja, ich habe auch Hypnotherapie gelernt. In der Hypnotherapie ist es nichts Ungewöhnliches, dass der Therapeut redet und der Klient aufnimmt. Der Therapeut beobachtet den Klienten und seine Reaktionen – bewusste wie unbewusste, die sich auch in nonverbalen Signalen zeigen – und entwickelt seine Interventionen anhand dieser Informationen. Auch dass der Therapeut aufgrund seiner intuitiven Diagnosen Stories erzählt und dass mit ihnen darauf bezogene Anleitungen des Therapeuten transportiert werden, ist in der Hypnotherapie nicht ungewöhnlich. Das ist nicht anstrengender, als dem Klienten in allen *seinen* Stories zu folgen und Botschaften in sie hineinzuflechten. Solange der Klient in seinen Reaktionen zu erkennen gibt, dass er sich mit meinen Stories und Erläuterungen irgendwie konstruktiv auseinandersetzt, kann das für mich sogar einfacher sein, als wenn er dringend eine Chance sucht, diese zu entkräften. Aber natürlich bleibt wichtig zu verfolgen, ob ich ihn erreiche oder ihn verloren habe.

AM: Du verwendest eine große Bandbreite rhetorischer Elemente. Zum Beispiel antwortest du mehrfach hintereinander nur mit ,ja', aber es wirkt auf verschiedene Weisen: bestätigend, ermunternd, mitfühlend oder ,Es gibt nichts weiter zu diskutieren'. Mal ist deine Sprache sehr kräftig, mal sehr leise und einfühlsam. Du trägst quasi die Stimmungen der Beratung auch in deiner Stimme mit und wirkst dabei immer authentisch. Wie schaffst du das?

BS: Das hat viel mit Sprachschulung in den verschiedenen Therapieschulungen zu tun. Das Verstehen und die gezielte Nutzung von Sprache und das Entwickeln eines zur eigenen Person passenden Repertoires sind für die Beratung wesentlich. Ich habe das beispielsweise auch in vielen Stunden Vorlesen und Geschichtenerzählen mit meinen Kindern geübt.

Überblick behalten

AM: Du versinkst nicht in der aktuellen Beratungswirklichkeit, sondern gehst über die Helikoptertechnik immer wieder auf Abstand. Wie kann man es schaffen, dabei immer den Überblick zu behalten?

BS: Mir hilft dabei meine Veranlagung zum intuitiven Denken und solides methodisches Training. Man sollte immer wissen, was man bereits gefragt hat und sich merken, ob man dazu eine Antwort bekommen hat. Man sollte merken, ob die Frage auch das, was man intuitiv wissen will, trifft und ob man auf wesentlichen Ebenen eine Antwort erhalten hat. Es ist gut, wenn man schnell und sicher kategorisieren kann. Und natürlich ist auch eine große Portion Übung und Erfahrung dabei. Ich arbeite in der Regel papierlos, aber anderen hilft vielleicht ein Stichpunktzettel. Wer merkt, dass ihm Handwerk fehlt, um seinen Beratungsstil wirksam umzusetzen, sollte sich entsprechendes Training gönnen. Dennoch legen wir nicht mehr so viel Wert auf Methodentraining wie früher, weil wir darauf vertrauen, dass Berater ihr Methodenrepertoire im Zuge vielschichtigen Übens und Feedback-Bekommens erweitern.

Beratung von Luisa: Begegnung mit dem Bullenhai

Die Klientin

Die Klientin ist eine Frau Ende 30, die direkt nach ihrem Studium als Beraterin in einer großen internationalen Unternehmensberatung gearbeitet hat. Im Anschluss an ihre dortige langjährige Karriere hat sie sich als Unternehmensberaterin selbständig gemacht und ist heute Inhaberin einer eigenen kleinen Beratungsgesellschaft. Das Gespräch findet am zweiten Tag eines isb-Curriculums statt. In der Nacht davor hat sie einen verstörenden Traum durchlebt, den sie gerne schildern möchte.

Das Gespräch

K: Es ist ein Traum von heute Nacht. Mein Mann und ich tauchen – auch im wirklichen Leben. Heute Nacht waren wir gemeinsam tauchen, es war ein flaches Gewässer mit Sandboden und viel Licht, ganz ungefährlich. Irgendwo von der Oberfläche hing eine Kette oder ein Seil mit einem Ball oder einer schweren Kugel im Wasser und wir sahen, dass ein Hai darauf zu schwamm. Es war ein Bullenhai.

B: Bullenhai – das sagt mir gar nichts…

K: Bullenhai, Bull Shark, Sambesi Shark – das ist alles das gleiche. Es ist eine der gefährlichsten Haiarten, die es gibt. Sie jagen im flachen Wasser und gelten als aggressiv, das heißt, sie schnappen auch mal zu, wenn da jemand rumsteht. Und dieser Hai schwamm auf den Ball zu und spielte damit, also er riss das Maul weit auf und nahm den Ball ins Maul und schwamm damit hin und her. Mein Mann war davon total fasziniert, schwamm in die Richtung und wollte sich das angucken. Ich bin zurückgeblieben, weil ich das beängstigend fand. Und plötzlich drehte dieser Hai die Richtung, schwamm auf mich zu, riss das Maul auf und ich dachte: ‚Jetzt beißt er mich!' – und genau das hat er auch getan. Und in dem Moment wusste ich auch, das ist so fatal, das überlebe ich nicht. Ich sah, dass mein Mann auf mich zuschwamm, und dann ist mir schwarz vor Augen geworden, und ich wusste: ‚Jetzt ist es vorbei.'

B: Das war alles im Traum, die Idee: ‚Jetzt bin ich tot?'

K: Das war alles im Traum, genau. Und dann war es halb fünf Uhr morgens, und ich saß kerzengerade im Bett und war so wach, wie noch nie um diese Zeit. Das war's.

Mit wenigen Sätzen hat die Klientin das Geschehen geschildert und endet hier mit ihrer Erzählung. Die unemotionale Erzählweise steht in einem auffälligen Kontrast zu den Geschehnissen im Traum. Daher fehlen zum einen Informationen, zum anderen ist aber vielleicht auch gerade dieser Kontrast interessant.

Traumerzählung und Gefühlsregulation

B: Was war denn dein Gefühl? Hattest du Angst?

K: Ja. Ich war riesig erschrocken. Und ich musste erst mal sortieren, dass es nur ein Traum war. Denn es fühlte sich wahnsinnig real an. Aber gefühlt war der Traum nur ganz kurz.

B: Das ist okay. Aber bei mir kommt noch nicht die Stimmung, die emotionale Qualität am Ende des Traums an. Denn es ist eine Szene, wo man von außen denken könnte: ‚Schieres Entsetzen!' – Ich sehe keine Schweißperlen auf deiner Stirn, also... wie waren denn deine Emotionen zu den Szenen, von denen du berichtet hast?

K: Unheimliche Angst. Also ich kann mich nicht erinnern, wann es das letzte Mal war, dass ich wegen eines Traums senkrecht im Bett saß. Das ist Jahre her. Normalerweise registriere ich, dass ich irgendwas geträumt habe, aber dann drehe ich mich um und schlafe weiter. Aber heute Nacht bin ich hochgeschreckt, hab das Licht angemacht und war völlig... also ich hatte einen richtigen Puls.

B: Ah okay. Du schilderst mir jetzt also körperliche Symptome. Ich möchte gern ein bisschen mehr zu deinem emotionalen Stil erfahren, damit ich das einordnen kann. Ist es typisch für dich, dass du, wenn etwas sehr erregend und erschütternd ist, deine Gefühle runterdämpfst und dich ganz ruhig zeigst? Denn momentan kann ich deine Emotionen nur vermuten, aber überhaupt nicht spüren. Das ist weder gut noch schlecht. Ich möchte einfach nur verstehen, ob dieses reflexhafte Abdämpfen zu deinem Stil gehört.

K: Also schon sehr dieses Kontrollierte, ja, dieses Selbstkontrollierte.

B: Und ist das schon einmal ein Thema gewesen für dich? Also dieser emotionale Stil, ob er für dich persönlich stimmt, ob er für die Verständlichkeit anderer gegenüber stimmt? Ich frage hier nur, aber wir müssen daran nicht weiterarbeiten. Es ist mir nur auf dem Weg aufgefallen, dass ich relativ viel Energie aufwenden muss, um mit dir in Kontakt zu kommen. Und daher wollte ich es mal markieren.

K: Bisher... nicht.

B: Das ist bisher nie ein Thema gewesen. Okay. (Pause) Gut. Dann würde ich an dieser Stelle aus der Nachfrage wieder rausgehen.

Zunächst fokussiert der Berater auf diese auffällige Diskrepanz, zwischen Traumerleben und Schilderung, da sie auch etwas erzählt. Er begnügt sich jedoch, diese zu markieren, da bislang unklar ist, was mit der Traumerzählung geschehen soll. Der Berater erklärt darüber hinaus seine Selbststeuerung und lädt die Klientin hiermit zur Distanz zu verschiedenen Wirklichkeitskonstruktionen ein, auch zu den Wirklichkeitskonstruktionen, die ggf. erst im Verlauf der Beratung entstehen. Die Beratung kann flüssig weitergeführt werden. Im Zentrum stehen nun die Fragen, um was für eine Traumqualität es sich handelt und wie der Traum zu beurteilen ist.

B: Zurück zu deinem Traum. Zur Art des Traums habe ich verstanden, dass es für dich eher ungewöhnlich ist, so klar und prägnant, so intensiv und beängstigend zu träumen?

K: Hm, ja.

B: Du träumst gelegentlich und erinnerst dich?

K: Ich bin mir sicher, dass ich häufig träume, aber erinnere mich eher weniger.

B: Okay. Also insgesamt ist es eher selten, dass du aufgeschreckt wirst oder dass dir ein Traum morgens bleibt?

K: Ja. Zumindest so eine ganze Sequenz. Ein kleines Bruchstückchen schon eher.

B: Für dich ist das schon eine große Story.

K: Für mich ist das ein großer Film, ja.

B: (schmunzelt) Also eine Meisterin der kleinen Impressionen, der Miniaturen. Dann hat dir also irgendwie der Teil in dir, der für den Traum verantwortlich ist, eine andere Art der Inszenierung und eine andere Art der Intensität als gewöhnlich beschert.

K: Ja.

B: Wie geht's dir damit? Findest du das eher störend? Oder interessant, dass dir auf diese Weise etwas widerfährt, was nicht so in deinem Repertoire ist?

K: Also... nein, ich finde es verstörend, weil dieses Thema ‚Tauchen und Haie' tatsächlich ein Thema bei uns ist – immer mal wieder. Wir gehen nicht regelmäßig tauchen, aber wenn wir tauchen gehen, dann sind das häufig exotischere Plätze, wo es solche Tiere auch wirklich gibt. Mein Mann freut sich über jede Haibeobachtung, die wir machen. Und bei den kleinen harmlosen Haien teile ich das, bei den mittelgefährlichen Haien komme ich klar, und bei den Bullenhaien bin ich mir sehr sicher, dass ich die in meinem Leben niemals sehen möchte. Das Haithema ist mir sehr bewusst, und wenn wir in so ein Gewässer steigen, dann habe ich das auch im Kopf. Also für mich war das heute Morgen so: ‚Uff. Wie gehe ich damit wieder tauchen?'

Anstatt sich der Traumerzählung direkt zuzuwenden, behält der Berater zunächst die Ebene der Erlebensinszenierung und des persönlichen Wirklichkeitsstils der Klientin bei. Die Klientin bleibt aber weiterhin ganz nah an ihrem Traum und beim Versuch, ihn inhaltlich zu verstehen und im realen Leben zu verarbeiten. Gemäß des isb-Konzepts versuchte der Berater, die Traumwirklichkeit beispielhaft für das Verstehen von Wirklichkeitskonstruktionen, Gewohnheiten und möglichen Ergänzungen zu nutzen.
Die Diskrepanz zwischen der aktuellen Trauminszenierung und ihren sonstigen Träumen wäre unter Umständen ein interessanter Fokus. Aber die Klientin nimmt diesen Fokus nicht auf und kehrt zum Inhalt des Traums zurück. Der Berater setzt neu an.

B: Jetzt mal eine Frage, einfach spontan: Hast du irgendeine Idee, wovon dieser Traum dir erzählt? Also einen eigenen Bezug?

K: … Nein. Das war das, was ich mich heute Morgen gefragt habe: ‚Was will mir das sagen?‘

B: Im Sinne von *uninteressiert*: ‚Was will mir das denn sagen?‘, oder *neugierig*: ‚Was will mir DAS denn sagen?‘

K: Mehr so ein… angespanntes ‚Uijuijui, was will mir das denn sagen?‘

B: Bist du insgesamt jemand, der nicht gern Überraschendes im Leben erfährt?

K: Ich glaube, es sind einfach verschiedene Lebensbereiche. Ich bin abenteuerlustig, wir reisen mit dem Rucksack, wir machen Weltreisen. Da weiß ich, dass jeden Tag ganz viele Überraschungen passieren werden. Und ich weiß auch, dass es positiv oder negativ sein kann. Damit habe ich kein Problem. Aber wenn ich schon irgendwo eine böse Ahnung habe und weiß, dazu steht mir noch eine Überraschung ins Haus, oder ich muss auf Nachrichten dazu warten, dann geht es mir schlecht.

B: Okay. Und wie ist deine Erfahrung mit der Qualität deiner Ahnungen? Sind das Frühwarnsysteme, oder sind es Besorgnisse, die sich meist gar nicht als realistisch herausstellen?

K: (überlegt) Also ich bin immer angespannt im medizinischen Bereich. Wenn ich irgendwo ein Laborergebnis ausstehen habe, dann geht es mir schlecht, und ich habe die furchtbarsten Ahnungen. Das hat sich zum Glück eher nicht bestätigt. In anderen Bereichen habe ich es eigentlich nicht, oder nicht so schlimm. Da ist eine Ahnung eher ein Frühwarnsystem und zwar so, dass ich vorbereitet bin, wenn etwas passiert und es nicht als so schrecklich empfinde.

B: Wenn du dich vorbereiten kannst. Das heißt, du nimmst die Dinge auch ganz gern ins Auge.

K: Ja. Genau.

B: Wenn Du gestalten kannst, dann geht's schon wieder, auch wenn's schwierig ist. Nur wenn etwas überraschend auf dich zukommt und du nicht weißt, wie du es gestalten kannst, dann…

K: Nein, im beruflichen Kontext ist auch das kein Problem. Ich weiß, dass diese Situationen dazugehören und kann mich ihnen stellen. Mit Erfahrung oder mit Dingen, die mir zur Verfügung stehen. Nur bei existenziellen Fragen weiß ich genau, dass ich dafür kein Werkzeug habe und fühle mich überfordert.

Der Berater macht noch einen Anlauf, die Wirklichkeitsgewohnheiten und den Persönlichkeitsstil zum Fokus zu machen. Was dabei Fokus sein könnte, ist noch unklar. Es macht an dieser Stelle noch keinen Sinn, in eine bestimmte Beratungsrichtung einzusteigen. Stattdessen verwendet er die Helikoptertechnik, um mögliche weitere Anhaltspunkte zu finden. Zum Beispiel versucht er Kontexte, in die man das Ereignis stellen könnte, probeweise anzusprechen. Er tut dies ganz transparent und erläutert der Klientin sein geplantes Vorgehen.

Suche nach bedeutsamen Kontexten

B: Hmhm. Bevor wir auf die Symbolik mit Hai und Meer kommen, da gibt's ja vieles, C. G. Jung hat 15 Jahre zum Symbol des Fisches gearbeitet. Hierzu gibt es so viel Kulturwissen, da können wir später mal reingucken. Aber vorher würde ich gern einfach mal ein paar Kontextbezüge ausprobieren. Du hast das ja letzte Nacht geträumt. Hast du irgendeine Idee, ob das einen Bezug haben kann zu dem, was dir zurzeit widerfährt, was du in einer deiner Außenwelten erlebt hast – auch wenn du nicht genau weißt, wie das zusammenhängen könnte? Ganz intuitiv?

K: (überlegt) Also maximal im beruflichen Bereich mit dem Thema ‚Haifischbecken‘.

B: Hmhm.

K: Aber es gibt keine bedrohliche Situation im Moment, keine, die ich so empfinde.

B: Wo kommt der Begriff ‚Haifischbecken‘ her?

K: Aus der Unternehmensberatung. Mein tägliches Umfeld.

B: Und das erlebst du als Haifischbecken?

K: (kräftig) Ja!

B: Was bedeutet das für dich, wenn du es so nennst?

K: Dass zumindest in den Zeiten, in denen ich noch in einer Festanstellung in einer der drei großen Unternehmensberatungen war, das ganze Leben aus Hauen und Stechen bestand und man immer gucken musste, welches Messer man schon wieder im Rücken hatte.

B: (nachdenklich) Also, jetzt habe ich eine spontane Idee, wie ich mir diesen Traum erklären könnte. Ich sag's dir einfach, und du guckst, ob da etwas dran sein könnte.

Die Schilderungen der Klientin lassen beim Berater plötzlich Resonanz anklingen. Er formuliert seine These als Vermutung und erläutert sie. Anschließend macht er Angebote für weitere Perspektivwechsel, die von der Klientin angenommen werden können oder auch nicht. Berater und Klientin verwenden eine sehr bildhafte Spra-

che, da hierdurch der noch immer sparsame Informationsfluss leichter zugänglich zu sein scheint.

B: Ich bekomme das Gefühl, dass du innerlich so ein bisschen Resümee ziehst. Gleichzeitig erlebe ich, wie sehr du gelernt hast, dein Erschrecken wegzudämpfen. Dieses Wegdämpfen kann vorkommen, wenn man früher in sehr schwierigen Situationen war, aber sich die dazugehörigen Gefühle damals nicht erlaubt hat. Wenn man dann eine ganz andere positive Erfahrung macht, kann es sein, dass die Gefühle aus der Vergangenheit nachkommen, also quasi aufgetaut werden. Wenn das so wäre, hieße das, dass das Erschrecken und Entsetzen gar nicht den gegenwärtigen Kontexten gilt, sondern sozusagen eine Rückblende ist. Ein Nachschwingen von ‚oh, da habe ich Gefühle gehabt, die habe ich mir nicht eingestanden, aber gut konserviert. Und jetzt ist die Lage besser, jetzt kann ich das ein Stück weit nacherleben'. Wenn das so wäre, dürften wir nicht im jetzigen Leben nach Zusammenhängen suchen und daraus ein Problem konstruieren, weil da gar keins ist. Verstehst du, was ich meine? Klingt da etwas in dir an?

K: Ja… (nachdenklich) ja. Das ist genau der Punkt. Im jetzigen Leben ist mir dazu heute Morgen auch nichts eingefallen, wo ich eine Bedrohung sähe.

B: Und die Idee, je mehr ich mich öffne und je weniger ich reflexhaft abdämpfe, umso mehr kommen auch frühere Reaktionen zutage und setzen sich frei. Die durchlebe ich, kann sie aber einfach loslassen als ein Stück Aufarbeitung meiner Vergangenheit…?

K: Ja…

B: Sag bitte ein kleines bisschen mehr dazu…

K: Ja, ich habe gerade Bilder dazu, tatsächlich.

B: Dann erzähl doch ein bisschen davon.

Zwei Persönlichkeiten

K: Also ja, ich glaube, da ist etwas dran. Und ja, ich glaube, es stammt aus meinem beruflichen Kontext. Und… ich weiß, dass ich zwei verschiedene Rollen habe und diese auch mit zwei durchaus unterschiedlichen Personen ausfülle. Das eine ist mein Privatleben, wo ich so bin, wie ich seit 20, 30 Jahren von meinen Freunden erlebt und wiedererkannt werde. Das andere ist mein Professionsumfeld, wo ich auf Basis von… durchaus harten… Erfahrungen gelernt habe, eine andere zu sein. Das kann ich morgens anziehen und abends ausziehen, aber es ist da.

B: Jungianisch gedacht könnte der Hai auch insofern dein Freund sein, als dass er dieses Ich von dir attackiert, damit es sterben kann, weil du es nicht mehr brauchst. Dieses gepanzerte, dieses gedämpfte Ich. Obwohl dieses Ich natürlich mit Entsetzen reagiert, aber du bist ja mehr als dieses Ich. Dass damit vielleicht auch der Weg frei werden könnte, dass dieses andere Ich, das du schon immer in deinem Privatleben hattest und vielleicht auch in neuen beruflichen Zusammenhängen neu gestalten kannst, dass dieses Ich wieder zum Leben kommen kann.

K: Aber das andere Ich funktioniert so gut.

B: (lacht) Ja, klar. Es darf ja auch in die Requisitenkammer und kann jederzeit wiederbelebt werden. Aber so etwas wird leicht zu einer Gewohnheit, auch dann, wenn du es vielleicht gar nicht brauchst. Könnte ja auch sein, dass du dich damit in einer Weise reduzierst, die dir auch selbst ein bisschen was nimmt.

K: Das ist die Frage, mit der ich schon ganz häufig konfrontiert wurde, insbesondere von jüngeren Mitarbeiterinnen. Inwieweit muss man sich in diesem Berufsumfeld verändern, richtig verändern. Und Spiele mitspielen und andere Spielregeln befolgen... Ich persönlich habe es immer als eine Erleichterung empfunden.

B: Ja klar. Das ist so wie bei einem Feuerwehrmann. Wenn es richtig gefährlich ist, ist es prima, mit vollem Gerät unterwegs zu sein.

K: Genau.

B: Aber für die Lebensqualität und als Dauerausrüstung ist das ein bisschen anstrengend.

K: Ja, wenn man es abends nicht ausziehen kann.

Der Berater hat sein Erklärungsmodell im Zwiegespräch mit der Klientin erläuternd abgerundet. Das Modell arbeitet noch in der Klientin, und der Prozess des Damit-Auseinandersetzens beginnt gerade erst. Für den Berater ist das ein Punkt, um sich nach der Interesse- und Gefühlslage der Klientin zu erkundigen. Aus der Art der Reaktion darauf entwickelt er einen neuen Fokus, eine Polarisierung, die Abstufungen erschweren kann, und bietet diesen Fokus aktiv an. Auch nutzt er sein Erleben und seine Selbstbeobachtung im Gespräch zur Formung seines Fokus.

B: Wenn man deinen Traum in dieser Richtung verstehen würde, wie ginge es dir damit?

K: Es ist eines Nachdenkens wert... Also es ist jetzt schwierig, sofort auf den Zug aufzuspringen und zu sagen ‚Ja, ab morgen mache ich das so‘, aber ich möchte da weiter drüber nachdenken.

B: Gut.

K: Eine Sache interessiert mich noch.

B: Ja?

K: Ich glaube, dass die Spur richtig ist, in meiner Vergangenheit zu gucken. Aber wie sehr muss ich mich auch mit dem realen Erleben beschäftigen? Es ist ja wirklich so, dass ich so einem Hai beim Tauchen nicht begegnen möchte und mir Gedanken dazu mache.

Hai und Gummientchen

B: Ja. Wir fangen vielleicht einmal mit dem Seelischen an, also mit dem Weltbild der Jungschen Psychologie. Dieser Hai in dir ist ja einer der überlebensstärksten und leistungsfähigsten Organismen der ganzen Evolution, zig Millionen Jahre, aus der Zeit der Dinosaurier – und er hat überlebt. Dass so ein Exemplar in dir ist – sonst könntest du es nicht träumen – ist doch schon erst mal beruhigend, oder nicht?

K: So habe ich das noch nicht gesehen. (lacht)

B: Na es ist doch dein Traum. Du siehst es zwar dort auf deinem inneren Schirm, aber der Hai ist in dir – du bist der Hai!

K: Ich habe das Tier bisher nur *an* mir gesehen, und es tat gefühlt sehr weh.

B: Ja, klar. Das ist sozusagen das Ich, das gewohnt ist, sich zu schützen und ängstlich ist und so weiter. Aber du bist auch der Hai – man nennt das subjektstufige Betrachtung. Den ganzen Traum kann man auch als ein Spiel der Kräfte in dir verstehen.

K: Hm.

B: Und wenn wir das jetzt als Theater spielen würden, dann würdest du die Rolle des Hais bekommen.

K: Hmhm. Okay.

B: (schmunzelnd) Was für Resonanzen löst das in dir aus?

K: Ein ungewohntes Gefühl. Weil ich es als Bedrohung – als reine und ausschließliche Bedrohung – sehe.

B: Jetzt geh nicht gleich wieder in die andere Rolle. Du bist jetzt der Hai!

K: Ah. Ich fühl mich grad eher wie ein Gummientchen, das jetzt ein Hai-Kostüm angezogen kriegt.

B: Aha… Also das heißt, du bist noch nicht drin… Du hast die Rolle noch nicht angenommen.

K: Nein.

B: Du willst lieber das nette Gummientchen spielen, anstatt zu sehen, dass du auch zu den Haien gehörst.

K: In dem Kontext habe ich es so nicht empfunden, ja.

B: Okay. Ich finde, der Hai hat die stärkste Rolle in deinem Traum, ja? Und was mir auch gut gefällt ist, dass er spielerisch ist… mit dem Ball. Du bist noch beschäftigt mit deinen Ängsten, aber davor ist in deinem Traum ja etwas geschehen. Der Hai spielt mit dem Ball hin und her. Er ist nicht blind und beißt einfach zu. Sondern er ist jemand, der gut sehen kann, und der sehr maßvoll zufassen kann und durchaus auch spielerische Qualitäten hat. Der Hai ist auf jeden Fall eine wichtige seelische Instanz in dir, und es ist wichtig, dass du sie dir zum Freund machst. Wenn du ihn nur als Gefahr siehst, kannst du die Kraft, die in ihm steckt, nur als Bedrohung erleben und nicht als die eigene Kraft. Dass dieser Hai auf *dich* zukommt, heißt in der Sprache der seelischen Symbolik, dass diese Seelenkraft dir Energie zuführen möchte. Dass dabei dein gewohntes Ich ein bisschen was abkriegt, damit muss man leider rechnen. (schmunzelt) Aber das Schöne in der Symbolik ist ja, dass danach etwas Neues entsteht. Ein neues Ich. Insofern kann man das auch wie einen Initiationsritus verstehen, der zugegebenermaßen etwas heftig ausfällt, dich aber trotzdem befruchten soll. Das ist jetzt sehr theoriegeleitet, aus dem Weltbild der Jungschen Psychologie als Deutungsrahmen, hergeleitet. Wie geht's dir damit?

K: Besser.

B: Besser als was?

K: Besser als die Frage: ‚Was mache ich bei meinem nächsten Tauchgang? Und was mache ich, wenn ich wirklich einmal einen gefährlichen Hai sehe?‘ Mein Reflex war, dass ich dachte, mir wird dann sofort wieder dieser Traum einfallen, weil der so heftig war. Ich habe mich da sehr in dieser Realität verhaftet gesehen. Es fällt mir jetzt leichter, das loszulassen.

B: Wichtig zu verstehen ist, dass dieses Ich im Traum keine Initiative zur Weiterentwicklung ergreift. Es ist froh, wenn es keinen Ärger hat. Und dieses Ich muss vom Rest der Seele in Bedrängnis gebracht werden, damit etwas vorangeht. In Form des Hais.

K: Ja, damit kann ich etwas anfangen.

B: Vielleicht kann ich dir ja empfehlen… wenn du morgens in den Spiegel guckst, schau doch mal, ob du schon ein bisschen was vom Hai sehen kannst.

K: Aber ist das jetzt nicht ein Widerspruch? Ist der Hai dann nicht meine Feuerwehrausrüstung, die ich eigentlich im Schrank lassen soll?

B: Nein, nicht der Hai ist deine Feuerwehrausrüstung. Dein Versuch, nichts mit ihm zu tun haben zu wollen und deine Emotionen runterzudämpfen – das ist deine Feuerwehrausrüstung. Wenn du mit dem Hai gut Freund bist, kannst du deine Feuerwehrausrüstung gut in Reserve lassen, denn jeder wird deine Zähne sehen.

K: Gummiente. (lacht)

B: (lacht) Ja, du hast dir da ein niedliches Selbstbild zugelegt. Das wird, glaube ich, den Dimensionen deiner Seele nicht gerecht. Das ist eher ein Gegenbild anstatt eines stimmigen Bildes für dich.

K: Okay, da muss ich drüber nachdenken.

Bis zum Schluss bleibt die Beratung sehr dicht, und es kommen noch immer neue Aspekte dazu. Die meisten werden aktiv vom Berater eingebracht. Und dabei „attackiert" er die Klientin und beharrt über längere Zeit auf dem Jungschen Deutungsmuster und darauf, dass die Klientin sich auf dieses zumindest probeweise einlässt. In symbolischem Interaktionismus und Parallelprozessen gedacht, spielt er den Hai und attackiert, um die Klientin für neue Beziehungs- und Deutungsmuster zu öffnen. Die Klientin lässt sich erst allmählich ein, gibt mehr von sich preis und wird in der Auseinandersetzung stärker. Die Anregungen waren nun stark genug, dass sie kaum mehr beiseitegeschoben werden können. Inwieweit sie sich als treffend bewähren, bleibt abzuwarten. Es ist an der Zeit, die Beratung abzurunden und zum Ende zu kommen.

B: Also, bleib in gutem Kontakt mit deinem inneren Hai. Und wenn der äußere Hai dir begegnet... das ist ja in der Jungschen Psychologie die Synchronizität, das heißt, der nichtkausale Zusammenhang zwischen seelischem Sinn und tatsächlichen Ereignissen. Manchmal ist es dann so, dass, wenn es seelisch dran ist, man dem tatsächlichen Hai auch wirklich begegnet. Insofern ist es gut, wenn du jetzt gut Freund mit ihm wirst, dann kannst du es bei deiner Begegnung mit ihm auch sein. Oder er braucht in der Realität gar nicht mehr zu kommen, weil du dir im Inneren die Begegnung mit ihm bereits zunutze gemacht hast.

K: Okay. Danke!

B: Vielen Dank für dein Vertrauen.

Ende der Beratung

Die Beratung in der Metaanalyse

Nach ihrem verstörenden Traum war die Klientin vollauf damit beschäftigt, die Erlebnisse zu verarbeiten und ihre Ängste zu neutralisieren. Einer tiefenpsychologischen Betrachtungsweise und der Frage ‚Was hat der Hai mit mir zu tun?' konnte sie sich nur sehr zögernd nähern. Der Berater leitete sie achtsam, aber konsequent – und musste dabei auch ein Stück weit Überzeugungsarbeit leisten. Geleitet wurden beide von der Frage: ‚Was haben Traum und Wirklichkeit miteinander zu tun?'

AM: Die Klientin hat dir ihren Traum in sehr plastischen Bildern geschildert: der Hai, das Meer, der Ball, die Kette. Aber du hast mit ihr über einen sehr langen Zeitraum in der Beratung gar nicht über diese Bilderwelt gesprochen. Warum?

BS: Die Bilder waren mir im Jungschen Bezugsrahmen verständlich, und ich habe sie für meinen ersten Arbeitsfokus nicht gebraucht. Im Übrigen ist für jede Beratung wichtig, dass man sich nicht einfangen lässt von der Logik der Bilder und der Begebenheiten, die erzählt werden. Man sollte einen Fokus finden und überlegen, was man vom Erzählten wirklich braucht und wie man sich darauf beziehen will. Anderenfalls ist die Gefahr groß, dass man selbst in die Szenerie hineingerät und diese dann von innen anschaut. Das heißt, man sitzt dann mit dem Klienten in derselben Wirklichkeitsblase und kann nicht mehr objektiv steuern. In diesem Gespräch bin ich ungewöhnlich stark meinen Impulsen, eigene Akzente aktiv zu setzen, gefolgt. Falls es nicht schlicht falsch oder einseitig war, beruhte das vielleicht auf einem richtigen intuitiven Impuls.

Nutzen der eigenen Resonanzen

AM: Du hast früh in der Beratung angesprochen, dass du selbst sehr viel Energie aufwenden musstest, um mit der Klientin in eine Beziehung zu kommen. Damit hast du ihr deine eigene Gefühlswelt gespiegelt. Gehören solche Spiegelungen üblicherweise zu deiner Vorgehensweise?

BS: Ja, wenn es für die Beratung nützlich ist, spiegele ich durchaus meine eigenen Empfindungen oder Wirkungen, die etwas Gesagtes auf mich haben. Dies sehe ich als meinen Beitrag zum gegenseitigen Verständnis. Würde ich nur weiter still vor mich hinarbeiten, wäre es viel schwieriger, ein Gespräch auf Augenhöhe im Stil einer echten Begegnung zu führen.

AM: In meinem Erleben hat sich nach der Spiegelung eure Beratungsbeziehung tatsächlich verändert, und der Zugang zur Klientin wurde etwas leichter. Wie hast du das empfunden?

BS: Das war in der Tat so. Vor allem aber musste ich selbst ein bisschen Hai spielen und zwar, ohne dass sie vor Schreck erstarrt. Eine sehr direkte und prägnante – manchmal schon konfrontative – Kommunikation gehörte zu den Hai-Qualitäten, die ich einbringen musste, um unsere Beziehung zu beleben. Darauf hat sie ebenso klar und prägnant geantwortet. Hätte ich selbst auch Entchen spielen wollen, wäre das ein belangloses Geplätscher geworden.

Mehr Ideen aus der Jungschen Psychologie

AM: Du hast der Klientin zunächst geraten, sich von ihrem erworbenen Ich etwas zu lösen und ihre Feuerwehrausrüstung abzulegen. Im Zusammenhang mit ihrem Traum löste das in mir das Bild aus, ‚aus dem Haifischbecken rauszuklettern‘. Später hast du ihr dann geraten, selbst zum Hai zu werden. Ist das nicht ein Widerspruch?

BS: Das Haifischbecken ist eine Stilisierung. Und die Jungsche Psychologie ist eine Integrationspsychologie, die besagt, dass in einem Menschen immer das Ganze ist: Gut und Böse, Entchen und Hai – alles ist drin. Und wenn es mir das Schicksal aus irgendeinem Grund zuspielt, dass ich mit Haien umgehen muss, dann ist die seelische Kurzfristlösung, dass ich aus dem Becken aussteige, um nicht von den Haien gefressen zu werden. Die Langfristlösung ist jedoch, dass ich mich mit dem Hai-Sein auseinandersetzen muss. Ich muss die Hai-Qualitäten in meine bewusste Persönlichkeit integrieren, anstatt meine Persönlichkeit in Abgrenzung zu den Haien zu entwickeln. Und da löst sich dann der scheinbare Widerspruch auf. Die Klientin hat zwar gelernt, nicht gefressen zu werden, aber sie hat noch nicht gelernt, die Hai-Qualitäten zu integrieren. Stattdessen ist sie in Abgrenzung zu Haien in eine Selbstverniedlichungsposition gegangen und hat zusätzlich gelernt, ihre Angst vor ihnen abzudämpfen. In diesem

Zusammenhang könnte es tatsächlich hilfreich sein, wenn sie wieder tauchen geht und dabei einem Hai begegnet. Allerdings nur dann, wenn sie die Gelegenheit dazu nutzt, sich aktiv seelisch mit dem Hai-Sein auseinanderzusetzen und dies nicht nur als Beweis verwaltet, dass sie es geschafft hat, nicht von ihm gefressen zu werden.

Experimentelles Vorgehen

AM: Am Anfang hast du zur Erkundung des Anliegens viele Probebohrungen vorgenommen, ohne dass für den Betrachter klar war, in welche Richtung sich die Beratung entwickeln wird. Was leitet dich dabei?

BS: Es ist immer ein experimentelles Vorgehen ohne festes System. Dabei leiten mich intuitive Einfälle verschiedenster Art. Oder ich verarbeite ein Stück weit, wie ich die Klientin erlebe, oder analysiere die Sprache, mit der sie über sich erzählt. Oder es kann die Art und Weise sein, mit der sie Reaktionen, die ich eigentlich erwarten würde, NICHT zeigt. Dann entsteht bei mir ein Gefühl, dass ich nach etwas greifen möchte, was nicht da ist, was nach meinem Verständnis aber da sein sollte. Oder ich merke, dass ich selbst Dinge übernehme, die nicht meinem Stil entsprechen und frage mich, warum ich das tue. Ich beziehe also eine Inszenierung von seelischen Kräften mit ein, aber dabei ist es wichtig, dass ich in der Inszenierung nicht nur einfach beliebig mitspiele, sondern aktiv damit arbeite, um ihre Persönlichkeit anzureichern, zum Beispiel indem ich hier Hai-Qualitäten angenommen habe. Ich versuche mir die Wirklichkeit, der ich begegne, irgendwie verständlich zu machen, und wenn ich eine Stelle finde, wo ich das Gefühl habe, dass ich nicht genau weiß, warum das da so ist, dann bohre ich da probeweise mal. Die Art und Weise, WIE die Klientin darauf reagiert, zeigt nur, ob das eine gute Stelle ist, oder ob wir an einer anderen Stelle bohren sollten.

Was ist mit der realen Ebene?

AM: Auf die Frage der realen Angst, die sie mit dem Hai-Erlebnis verbunden hat, bist du quasi gar nicht eingestiegen. Warum?

BS: Ich hatte zuallererst die Idee, dass diese sehr heftige reale Angst nicht in den Kontext passte, da es sich ja nicht um ein reales Ereignis, sondern um einen Traum handelte. Also bot ich der Klientin einen Verständnisrahmen an, nämlich die konservierten Ängste aus der Vergangenheit. Erweist sich dieser Verständnisrahmen als plausibel, muss die Angst einfach nur erlebt und losgelassen werden, dann muss damit nichts weiter gemacht werden. Im Sinne von: Das Eingefrorene taut auf, verdunstet – und das war's dann auch, weil die Quelle der Angst einzig in der Vergangenheit liegt.

AM: Den Ansatz des Verständnisrahmens verstehe ich. Aber die Klientin gibt ja an, vor realen Haien beim Tauchen Angst zu haben. Und es schien ihr ein wichtiges Anliegen zu sein, denn als die Beratung schon zu Ende zu sein schien, stellte sie diese Frage explizit noch einmal. Wie gehst du damit um?

BS: Diese Angst ist eher von phobischer Natur. Psychologisch betrachtet ist sie auf ein vernünftiges Maß reduzierbar, wenn die Klientin mit ihrem seelischen Dialog zu den Haien weiterkommt. Oft erledigt sich so eine Angst dann einfach von alleine. Außerdem muss man betrachten, welcher Teil ihrer Persönlichkeit diese Frage stellt. Das ist immer noch der Teil in ihr, der mit dem Opfer identifiziert ist. Ich habe versucht, mit dem Teil in ihr zu kommunizieren, der der Hai ist. Auf diesen Teil konnte sie sich bisher nur schwer und sehr langsam einlassen. Das heißt aber auch, dass sich ihre reale Beziehung zu Haien verändern wird, wenn sie sich mit der Hai-Rolle in sich selbst auseinandersetzt. Gleichwohl geht es hier um eine Frage der Beziehung. Denn was heißt real? Der Hai ist ein Hai – und es ist derselbe Hai wie bei ihrem Mann. Aber der Mann – und ich unterstelle jetzt einmal, dass er kein Hasardeur ist – hat ja offenbar eine andere Beziehung zu dem Hai, im Traum und in der Realität. Also ist das Thema SIE und ihre Beziehung zum Hai, aber nicht der Hai.

Gibt es konservierte Erlebnisse?

AM: Ich finde es interessant, dass auch konservierte Themen und Gefühle derart starke Ängste auslösen können. Oft sind es ja Veränderungsprozesse und Zukunftsängste, die Ängste auslösen und uns in Beratungsanliegen begegnen. Aber dass aktuell empfundene Ängste den Fokus in der Beratung so direkt auf die Vergangenheit anstatt auf die Zukunft richten, war ein sehr interessanter Aspekt.

BS: Die Beobachtung ist richtig, und leider wird das in Therapien oft falsch gemacht. Wenn jemand seine Abwehrmechanismen langsam loslässt, können dabei starke Erlebnisse und Emotionen auftauchen. Häufig werden diese dann in der Therapie als gegenwärtige Probleme identifiziert und bearbeitet – bis schlussendlich eine Re-Traumatisierung beim Klienten stattfindet. Der Berater muss wissen, dass die Ursache auch in der Vergangenheit liegen kann und nicht, nur weil die gezeigte Reaktion sehr heftig ist, in der Gegenwart liegen muss. Dieser Gedanke ist leider nicht sehr verbreitet. In Paarbeziehungen ist dieses Phänomen ebenfalls häufig anzutreffen. Wenn die Beziehung schwierig ist und man sich lange Zeit nicht erlaubt, bestimmte Dinge zu spüren oder zu sagen, werden diese Gefühle oft konserviert. Wenn die Beziehung dann objektiv langsam besser wird, kommen diese konservierten Gefühle an die Oberfläche, und der Wunsch wird drängend, dem anderen diese schwierigen Dinge zu sagen. Leider ist das dann genau der falsche Zeitpunkt. Denn in einer sich gerade erst wieder bessernden Beziehung werden unangenehme Wahrheiten zu ihrer Person von den Beteiligten nicht gut vertragen. Das heißt, wenn ich an meinem Partner auch negative Seiten beobachte und er sich gerade zum Besseren verändert, ist es keine gute Idee, ihm an dieser Stelle zu sagen, was für ein Ekel er vorher war. Stattdessen sollte man überlegen, ob man es ihm überhaupt sagen muss. Und wenn man schlussendlich meint, es ihm sagen zu müssen, dann sollte man es noch eine Weile aufheben, bis die Beziehung wieder wirklich stabil ist und zusätzlich das Gesagte dann gut ins Positive einrahmen.

Wie authentisch darf der Berater sein?

AM: Beim Erleben dieser Beratung hatte ich eigene starke Emotionen und Bilder und konnte die Angst im Raum förmlich spüren. Geht dir das auch manchmal so? Und bietest du deine Emotionen und Resonanzen dem Klienten in der Beratung auch an?

BS: Na klar. Es ist ja eine gemeinsame Erzählung, ein Wechselspiel. Und diese Idee, das Ich des Beraters draußen zulassen und es zu neutralisieren, ist eine Fiktion. Das geht gar nicht. Der Berater wird immer aus seinen Welten, aus seinen Bezügen, aus seiner Persönlichkeit, aus seinen Empfindsamkeiten und aus seinen eigenen Bildern heraus agieren – er kann gar nicht anders. Wenn er versucht, seine Gedanken wegzudrängen, ist die Gefahr viel größer, dass er sie dem Klienten unterschwellig überstülpt. Und darum ist es ausdrücklich erlaubt, mit seinen eigenen Bildern und Emotionen zu agieren, aber man muss lernen, geeignete Arbeitsformen dafür zu entwickeln und vorsichtig damit umzugehen. Aufsteigende Emotionen und Bilder sind wichtig für den Berater, zum Beispiel, um ihn in Form einer Goldwaage bei seinen Probebohrungen zu leiten. Am Anfang werden die Bilder und Emotionen sicherlich kunterbunt durcheinander kommen und manchmal auch für den Berater schwierig sein. Im Laufe der Zeit lernt man intuitiv zu sortieren, welche Bilder nur persönliche Betroffenheit repräsentieren und welche Bilder für den Klienten einen Nutzen in der Beratung haben und Gold wert sind, wenn man sie teilt. Aber das muss man nicht von vornherein wissen, sondern man darf experimentell vorgehen und beispielsweise sagen: ‚Mir fällt da etwas ein, ich hab da ein Bild, keine Ahnung, ob das nur von mir ist, oder ob das einen Bezug zu dir hat. Dürfen wir es ausprobieren, sodass ich es dir erzähle, und du schaust, ob etwas für dich drin ist? Und im Zweifel ist es halt nur meins.' In dieser Art ist das Experiment gut gerahmt und unproblematisch. Und mit der Zeit sortiert sich das dann intuitiv, und es fallen einem besser geeignete Bilder ein, und das Arbeiten fällt viel leichter. Wenn man viel Erfahrung hat, dann kann man sogar ohne offensichtliche Bestätigung eines Klienten bei den eigenen Einfällen bleiben und damit ein höheres Risiko eingehen, auch mal danebenzuliegen. Wichtig ist, dass man am Ende die eigenen Bilder als ‚vielleicht falsch' auch wieder zur Disposition stellen muss, insbesondere, wenn nicht erkennbar wird, dass sie für den Klienten anreichernd gewirkt haben.

Systemische Beratung im isb-Stil

Nach der Darstellung und Analyse einiger Praxisbeispiele wird hier die systemische Beratung nach den Auffassungen und in den Definitionen des isb untersucht und beschrieben. Sie bildet sowohl die Grundlage für alle zuvor beschriebenen Beratungen als auch für die Ausbildungen am isb.

Was ist eine systemische Beratung?

Eine systemische Beratung ist ein Gespräch auf Augenhöhe. Der Klient und der Berater blicken gemeinsam auf eine Fragestellung oder ein Problem in offener, konstruktiver und gegenseitig wertschätzender Weise. Der Blick ist ressourcen- anstatt defizitorientiert. Die Grundannahme ist, dass es keine eindeutige Wahrheit gibt, sondern lediglich verschiedene Arten der Wirklichkeitsbeschreibung und Wirklichkeitserzeugung in einer hochkomplexen Umwelt, die wie ein Mobile zusammenhängen und reagieren. Der Berater ist nicht der Experte, der die Probleme des Klienten löst, sondern vielmehr sein „Pfadfinder" und erfahrener Weggefährte bei der Suche nach eigenen Antworten.

Passung

Vor dem Beginn einer Beratung steht zunächst die Passungsfrage zwischen Klient und Berater. Hierbei erläutert der Berater seinen Beratungsansatz und fragt dessen Passung zu den Vorstellungen des Klienten ab. Er ergründet, ob der Klient bereits ein Verständnis von dem hat, was in der Beratung passieren soll – kann – muss – darf – nicht darf. Nur, wenn hier eine hinreichende Übereinstimmung und auch persönliche Sympathie zwischen Berater und Klient vorliegen, kann eine Zusammenarbeit grundsätzlich erfolgreich verlaufen. Liegen komplett verschiedene Sichtweisen zur gemeinsamen Arbeit oder sonstige Antipathien vor, bedarf dies keiner Wertung oder einer anstrengenden Korrektur. Stattdessen sollte geprüft werden, ob ein anderer Berater hilfreicher für den Klienten in dieser Fragestellung sein könnte.

Auftragsklärung

Anschließend erfolgen die Auftragsklärung und das darauf ausgerichtete Schließen eines Arbeitskontrakts. Die zentralen und klassischen systemischen Fragen hierbei sind:

- *Was ist das Anliegen des Klienten?*
- *Was sind die Ziele des Klienten?*
- *Was hat der Klient schon probiert, um zu seinem Ziel zu gelangen?*
- *Woran wird der Klient konkret merken, dass er sein Ziel erreicht hat?*
- *Was sind die gegenseitigen Vorstellungen zur Vorgehensweise?*
- *Inwieweit und wie soll der Berater eigene Ansichten in den Prozess einbringen?*
- *Ist der Klient bereit, sich auf Unerwartetes und eventuell Irritierendes einzulassen?*
- *Wie wird die Verträglichkeit des Prozesses beobachtet, und was ist bei Irritationen zu tun?*

Eine ausdrückliche Auftragsklärung ist meist sinnvoll und dient während der Beratung als laufende Überprüfung, über welche Themen gesprochen werden soll und ob die Beratung grundsätzlich in eine richtige Richtung läuft. Es ist wichtig, dass sich der Klient eine gewisse Vorstellung von seinem Anliegen macht und nicht einfach ziellos durch die Beratung trudelt. Gleichwohl zeigen die Erfahrungen, dass ein Klient gerade bei den schwierigsten Lebensthemen und wenn er am dringendsten Hilfe benötigt, diese „ordentlichen" Fragen nicht beantworten kann. Er kann oft weder formulieren, was sein Problem ist, noch welche Hilfestellung er benötigt oder wo genau er ankommen möchte. Trotzdem ist es sinnvoll, auch in diesen Fällen einen Arbeitskontrakt zu schließen. Dabei vereinbaren Klient und Berater, gemeinsam auf die Lebensthemen des Klienten zu schauen und zusammen herauszufinden, wie das erlebte Problem beschrieben werden kann. Die größten Fortschritte, auch in Beratungen mit einem eingangs klar formulierten Beratungsanliegen, sind ohnehin meist nicht Antworten auf leicht zugängliche Fragen. Vielmehr lässt sich Beratungserfolg in der Erweiterung von Perspektiven sowie in der Vergrößerung von Denk- und Handlungsrepertoires für den Klienten festmachen.[8] Und man sollte berücksichtigen, dass sich sinnvolle Perspektiven und Inhalte oft erst im Verlauf der Beratung oder sogar im Nachhinein offenbaren. Dies kann zum Beispiel geschehen, indem andere Gesichtspunkte und Beobachtungen hinzukommen oder neue Fragen aufgeworfen werden. Durch den Umgang mit solchen Ergänzungen entstehen Impulse und Gesichtspunkte für weiteres Lernen. Auftragsklärung ist daher mehr als eine Dimension der gegenseitigen Abstimmung. Es ist die Vereinbarung, das aus der Beratung erwachsende Experimentieren in eine Art Programm zu überführen.

---

[8] Davon zu unterscheiden ist die Arbeit mit Klienten, die ihr Repertoire als ausreichend einschätzen und daher in der Regel für eine Unterstützung bei der Selbstklärung in die Beratung kommen.

Gegenseitige Gebrauchsanweisungen

Vor dem Beginn der Beratung kann es hilfreich sein, „Gebrauchsanweisungen" zwischen Berater und Klient auszutauschen. Der Berater kann dem Klienten seinen Beratungsstil und gegebenenfalls vorliegende Besonderheiten erläutern, um ihn an seiner Steuerungslogik teilhaben zu lassen. Den Klienten wird der Berater nach seinen Wesensarten befragen (zum Beispiel, ob es Besonderheiten zu beachten gilt, ob er eigene Empfindlichkeiten kennt oder wo er Fürsorge benötigt), um sich gut auf ihn einstellen zu können.

Hintergrund ist, dass erwachsene Menschen sich selbst schon sehr lange und sehr gut kennen und sie in ihrer eigenen komplexen Welt leben. Der Berater und der Klient kennen sich in der Regel jedoch nicht oder kaum und daher ist es unmöglich, sich in einer durchschnittlich 45-minütigen Beratung gegenseitig in allen Feldern, bei Null beginnend, zu erkunden. Der Klient kann nicht alles über sich selbst berichten, während der Berater gleichzeitig alles herausfindet, was in seiner Eigensteuerung und Problemlösung nicht optimal funktioniert. Mittels einer Gebrauchsanweisung können sich beide besser auf ihr Gegenüber einstellen.

Learning Conversation

Bernd Schmids These lautet:

„Nur wenn Klient und Berater gut und schnell in einer Beratung voneinander lernen, kann Beratung wirklich gelingen. "

Dann nämlich befinden sich Berater und Klient nicht in einer hierarchischen Beratungsbeziehung sondern in einem gegenseitigen Lehrgespräch auf Augenhöhe, in einer von Bernd Schmid sogenannten Learning Conversation. Doch wie soll das konkret funktionieren? Wie gelangt man dorthin? Und was sind die Vorteile gegenüber einer klassischen Beratung?

Um eine Learning Conversation führen zu können, bedarf es einer guten Vorbereitung durch den Berater. Anstatt sich übereilt in die Beratung zu stürzen, sollte er zunächst einige Zeit auf die Rahmung, Kulturvorbereitung und die Beziehungsanwärmung mit dem Klienten verwenden. Insbesondere erläutern der Berater und der Klient dabei die mehrfach in diesem Buch behandelte, gegenseitige kurze „Gebrauchsanweisung" zu ihrer Person.

Weiteres Ziel ist, dass der Klient und der Berater bereits vor der Beratung ein Arbeitsbündnis auf der Metaebene, eine Lernpartnerschaft, schließen. Erstens können so beide zur Schaffung von gemeinsamen Wirklichkeitsebenen beitragen, die während der Beratung zu möglichst hilfreichen Lösungsansätzen für das Problem des Klienten führen. Und zweitens fungiert diese Metaebene als Problemlösungsstelle bei Schwierigkeiten, die in jedem Beratungsprozess auftreten können. Kommt es beispielsweise zu Missverständnissen zwischen Klient und Berater oder scheint sich der Beratungsprozess in undurchdringlichen Wiederholungsschleifen festzufahren, können beide auf die Metaebene zurückkehren und gemeinsam auf das aufgetretene Problem schauen. Ist diese Metaebene jedoch vor Beginn der Beratung nicht gut vorbereitet worden, ist der Weg dorthin bei im Prozess auftretenden Schwierigkeiten oft verstellt, da die Situation bereits zu sehr emotional eingefärbt ist.

In die eigentliche Beratung gehen der Berater und der Klient möglichst unbefangen, unvoreingenommen und mit dem unbedingten Wunsch des gegenseitigen Lernens und Verstehens. Dabei arbeitet der Berater wieder in Form eines Lernbündnisses, indem er vor dem Klienten transparent seine Gedanken und möglichen Lösungsansätze ausbreitet und sich dieser davon nehmen kann, was ihn anspricht. Die Idee dahinter ist, dass der Beratungserfolg umso wahrscheinlicher wird, wenn der Klient versteht, was gerade um ihn herum passiert, er das Geschehen positiv beurteilt und *aktiv* bei der Suche nach Nützlichem und bei der Beurteilung von Wichtigem mitarbeitet. Gleichzeitig entspricht diese Vorgehensweise dem isb-Gedanken, nämlich der gemeinsamen Schaffung von größeren Wirklichkeiten, aus der sich alle bedienen und zu der alle neu beitragen können. Nicht zu unterschätzen ist außerdem, dass ein Lernbündnis mit dem Klienten eine große Entlastung für den Berater sein kann: Wenn beide *gemeinsam* etwas finden, was für den Klienten nützlich ist, wird dieser es nicht am Wegrand liegen lassen. Das heißt, der Anspruch an den Berater, die sofortige richtige Frage oder den überaus genialen Lösungsansatz allein finden zu müssen, sinkt rapide. Derartiges transparentes Arbeiten ist somit auch für den Berater sehr viel ressourcenschonender und führt zu einer unangestrengten, leichteren – und überdies häufig dennoch erfolgreicheren – Beratung.

Der Beratungsstil einer Learning Conversation ist immer experimentell. Und deshalb ist es auch nicht wichtig, an welcher Stelle und mit welchem tatsächlichen Wissen die Beratung beginnt. Die Hauptsache ist, dass beide Gesprächspartner schnellstmöglich dazulernen wollen und können. Das funktioniert nur dann, wenn der Berater und der Klient alles Wissen und alle aufkommenden Gedanken teilen und in ihr Lernbündnis einbringen, damit sinnvolle Verdichtungen entstehen können.

Anliegen und Wirklichkeitserzeugung

Eine kurze Analyse des vom Klienten vorgetragenen Anliegens, der *Art* des Vortragens dieses Anliegens und gegebenenfalls der zusätzlichen Informationen, die er in der „Gebrauchsanweisung zu seiner Person" gibt, können dem Berater wertvolle Hinweise auf die Wirklichkeitskonstruktionen des Klienten liefern. Wenn jemand beispielsweise sehr emotionsgeladen oder auch besonders emotionsarm formuliert, mag sich ein Blick auf die Hintergründe lohnen. Oder wenn er ungefragt in starken Negationen formuliert (zum Beispiel: „Ich bin ganz sicher überhaupt kein schwieriger Chef!") kann man sich die Frage stellen, woher die Idee kommt, dass er es überhaupt so formuliert, und ob nicht doch ein Teil der sorgsam formulierten Negation wahr sein könnte.

Bernd Schmid verwendet grundsätzlich nur etwa die Hälfte der Beratungszeit auf die tatsächliche Lösung des vorgetragenen Anliegens. Die andere Hälfte verwendet er auf die Beleuchtung der Wirklichkeit, die durch die Art erzeugt wurde, *wie* der Klient das Anliegen vorgetragen hat – und zwar am *Beispiel* des vorgetragenen Anliegens. Auf diese Weise entsteht für den Klienten häufig ein Nutzen, der weit über die ursprüngliche Problemlösung hinausgeht und sich auf viele weitere Lebensbereiche erstrecken kann.

Helikoptertechnik und Probebohrungen

Von jedem Startpunkt einer Beratung aus kann der Berater theoretisch in tausend verschiedene Richtungen gehen. Aber nur, weil sich eine gewählte Richtung gerade anbietet oder besonders leicht von der Beraterhand geht, bedeutet das nicht, dass sie mit genau dem Scheinwerfer das Problem beleuchtet, der aktuell am wichtigsten oder hilfreichsten für den Klienten ist. Stattdessen sollte sich der Berater immer wieder aus der Situation herauslösen und aus der Metaperspektive auf Fort- und Rückschritte oder Stillstände schauen können. Empfohlen wird dazu eine Art „Helikoptertechnik". Im übertragenen Sinn bedeutet das: Der Berater lässt sich vom Helikopter irgendwo im „Dschungel", also in den Lebenserzählungen des Klienten absetzen, und schaut, was er dort Interessantes vorfindet. Anschließend schlägt er sich jedoch nicht um jeden Preis von diesem Ausgangspunkt „irgendwohin durch", sondern steigt mit dem Helikopter immer wieder auf, um zu sehen, was es an anderen Orten Interessantes zu entdecken gibt. Auf diese Weise kann er Themen priorisieren, Sachverhalte verknüpfen, aber auch einfach „Orte" markieren, von denen er noch nicht weiß, wie relevant sie sind, und diese für eine mögliche spätere Bearbeitung reservieren.

Für die Erkundung des Helikopterlandeplatzes empfiehlt sich die Technik der sogenannten Probebohrung. Der Berater versucht, sich die Wirklichkeit, der er am Landeplatz begegnet, irgendwie verständlich zu machen. Und wenn er am Landeplatz das Gefühl hat „da ist irgendwas", wird er diese Stelle genauer untersuchen – selbst, wenn er dieses „irgendwas" noch nicht genau einschätzen oder beschreiben kann. Er wird da also einmal probeweise bohren. Ob er bei seiner Bohrung auf eine Goldader gestoßen ist, kann er aus der Reaktion des Klienten ablesen. Durch sein Verhalten wird er dem Berater signalisieren: „Das ist eine gute Stelle" oder „Vielleicht so noch nicht genau, aber ein bisschen daneben" oder „Nein, hat sich nicht bewährt". Bernd Schmid steuert sich in diesem Prozess immer nach seiner „inneren Goldwaage". Er lässt sich ein auf den Prozess des Suchens und wertet auch kleine Reaktionen seines Gegenübers aus: Wenn er das Gefühl hat, mit dem, was er mit der Bohrung kriegt, kann er etwas Gutes machen, dann bohrt er dort weiter. Oder ein bisschen weiter links oder rechts. Ich weiß zwar nicht, wie groß die Goldader ist und wie wichtig, aber so lange am Ende des Bohrers noch immer Gold ist, kann es nicht falsch sein.".

Mosaik in verschiedenen Weltbezügen

Fast alle Lebensfragen und -probleme sind sehr komplex und haben ihren Ursprung in verschiedenen Lebenswelten. Die drei Lebenswelten, in denen sich ein Mensch bewegt, sind nach Anschauung des isb a) seine *Profession*, b) die *Organisation*, in der er sich bewegt, und c) seine *Privatwelt*. Die Lebenswelten sind miteinander verwoben, und deshalb lassen sich auch Beratungsanliegen meist nicht aus nur einer Welt heraus betrachten. Daher ist es immer sinnvoll, wenn man Themen nicht zu sehr mit dem Scheinwerfer aus einer Richtung heraus beleuchtet. Stattdessen sollten viele verschiedene Scheinwerfer alle drei Lebenswelten beleuchten und untersuchen, um anschließend ein Bild Stück für Stück als Mosaik zusammenzusetzen.

Wie viel Biografie?

Oft wird die Frage nach der Sinnhaftigkeit der Arbeit mit der Biografie des Klienten in Beratungen aufgeworfen. Wie die Büchse der Pandora kann die Öffnung der Biografie mit großen Überraschungen verbunden sein. Es können lange verschüttete oder erledigt geglaubte Lebensthemen zutage treten, die für den Klienten zwar hilfreich, aber auch emotional überaus aufwühlend oder erschütternd sein können. Während einige Berater der Meinung sind, dass dies ein ausschließliches Arbeitsfeld für ausgebildete Psychologen und Psychotherapeuten sei, mögen andere Nicht-Therapeuten nicht darauf verzichten. Bernd Schmid vertritt dazu eine undogmatische Anschauung. Sofern er das Gefühl hat, dass die Biografie des Klienten für den Fall nicht wichtig ist, bleibt sie unbeachtet. Ist er der Meinung, dass Aspekte aus der Vorgeschichte des Klienten hilfreich sein könnten, wirft er einen Blick darauf. Seiner Einschätzung nach steht diese Arbeitsweise jedem *qualifizierten* Berater offen, der *verantwortungsvoll* mit biografischer Arbeit umgeht und seine eigenen Fähigkeiten hinsichtlich der Tiefe des gewagten Vorstoßes und des Umgangs mit möglichen Reaktionen des Klienten *realistisch einschätzen* kann.

Führungsfunktion des Beraters

Interventionsorientierter Beratung steht man heute einerseits zu Recht kritisch gegenüber. Die Routine-Idee „Ich weiß, was gut für dich ist und bringe dir das auch gegen deine Widerstände nahe" entspricht nicht einem Verständnis von Beratung auf Augenhöhe zum Klienten. Dennoch kann es gewünscht und hilfreich sein, wenn der Klient mit Perspektiven in Kontakt gebracht wird, die nicht in seinem Horizont enthalten waren. Je erfahrener der Berater ist, umso mehr kann er auch, selbstverständlich nur nach Autorisierung durch den Klienten, zeitweise die Regie über Inhalt und Prozess in der Beratung übernehmen. Wird er als Lehrer gewünscht und akzeptiert, kann ein „Lehrgespräch" Bestandteil einer Beratung werden. Auf einer Metaebene bleiben Berater und Klient stets auf Augenhöhe.

Epilog: Die Würde des Menschen ist antastbar!

Im Folgenden wird anlässlich einer Beratung dargestellt, welche Wertefragen im Dialog aufgerufen werden können.[9] Diese sollen Anlass dafür bieten, eigene Positionen und Anforderungen an sich und seine Klienten zu überdenken. Der vorliegende Fall ist einer realen Beratung von Bernd Schmid entlehnt. Dabei handelt es sich diesmal nicht um jemanden, der das Beratungshandwerk erlernen oder sein Weltbild erweitern möchte, sondern um einen Coaching-Klienten, dem Bernd Schmid als Berater empfohlen wurde.

An dem Gesprächsverlauf wird deutlich, dass sich einem Berater in dieser oder in einer ähnlichen Situation grundsätzlich zwei Möglichkeiten bieten: Er kann versuchen, mit dem Klienten so zu arbeiten, dass dieser im Wesentlichen weitermachen kann wie bisher. Er kann ihm aber auch versuchen nahezubringen, dass in den erlebten Irritationen Chancen für Neupositionierungen liegen – auch wenn das nicht das explizite Anliegen des Klienten war. Viele Berater begnügen sich in einer solchen Situation mit Bezugsrahmen, mit denen sie gegebenenfalls zum Steigbügelhalter in einer Wirtschaftskultur werden, die jedoch aus humanistischer und ökologischer Sicht fragwürdig ist.

Psychologische Analysen werden oft schon per se als aufklärerisch angesehen. Doch wird genau dies im vorge-

---

[9] Bereits veröffentlicht unter Schmid, Bernd: *Die Würde des Managers ist antastbar! Wider das Mitläufertum im Coaching,* in: perspektive blau. Ein Online Wirtschaftsmagazin, April 2012.

stellten Fallbeispiel infrage gestellt. Aber darf ein Berater als Aufklärer im eigenen Auftrag tätig werden? Auf Verabredung schon. Doch wie kann man sich vom Klienten eine Erlaubnis darüber einholen, was möglicherweise außerhalb seines Vorstellungsvermögens liegt? Wie soll also der Klient wissen, worauf er sich einlässt? Das Postulat der Augenhöhe verlangt nach gemeinsamer Entscheidung. Doch kann der Klient oft erst im Nachhinein wirklich entscheiden, was für ihn lehrreich war und ihn in seiner Weiterentwicklung unterstützt hat – Abwehrhaltung und Widerstand sind oftmals ein integraler Bestandteile des Prozesses. Der kontinuierliche Austausch zwischen Berater und Klient muss aufrechterhalten bleiben, und es steht dem Gegenüber jederzeit die Möglichkeit offen, den Prozess zu beenden und seine Grenzen aufzuzeigen. Das gleiche gilt auch für den Berater selbst.

In diesem Kapitel werden noch einmal Werte herausgestellt, an denen sich Bernd Schmid in seiner Arbeit und letztlich in seiner Bereitschaft, Lebenszeit zur Verfügung zu stellen, orientiert. Geld allein macht solche Entscheidungen nicht überflüssig – eine gefestigte Haltung bezüglich der Beratung lässt die Arbeit umso wertvoller erscheinen.

Die Beratung

Es war das zweite Coaching-Gespräch mit einem Geschäftsführer aus der Handelsbranche. Er ist Mittvierziger, hat Familie und auch sonst alles Angenehme, mit dem man sich in solch gehobenen Positionen umgibt. Und seine Frage ist: „So what? Wo soll es noch hingehen mit mir?" Es ist ihm ein Anliegen zu definieren, wo er in 10, 15, 20 Jahren sein möchte. Es geht ihm um dieses Ziel.

Er hatte sich vor 20 Jahren vorgenommen, Geschäftsführer zu werden und dieses Ziel vor einiger Zeit erreicht.

Nun möchte er sich was Neues vornehmen, etwas, worauf man in gleicher Weise hinleben kann. Doch geht es irgendwie nicht. Denn es gibt ja nur eine begrenzte Menge an solchen Zielen. Und andere Arten von Zielen, wie „gut alt zu werden" oder „eine hoffentlich gute Lebensentwicklung der Kinder erleben zu dürfen", die kann man sich ja nicht in der gleichen Weise vornehmen... Mein Klient ist ein gescheiter und gebildeter Mensch und hat irgendwie begriffen, dass er mit der Bildung von Zielen, wie er es bislang praktiziert hat, nicht wirklich weiterkommt, weiß aber nicht recht, wonach er suchen soll.

Professionelle Individuation

In Zeiten, in denen die Individualität jedes Einzelnen eine so große Rolle spielt, stoßen Menschen immer wieder auf existenzielle Fragen.

Wer bin ich? Was kann aus mir werden? Was ist meine Berufung? Was kann, was will ich aus meinem Leben machen? Für wen möchte ich wirklich wichtig sein? Wann werde ich am Ende zufrieden sein?

Viele Menschen sind immer öfter irgendwie mit ihrer Individuation beschäftigt, also mit den Lebensprozessen, über die sie die einzigartige Persönlichkeit verwirklichen können, die in ihnen steckt. Soweit sich Individuation auf die Welt der Berufe und der Organisationen bezieht, sprechen wir von professioneller Individuation.[10]

Aber gibt es auf die Frage, was aus jemandem werden soll, überhaupt Antworten? Welche könnten das sein? Man sollte sich das nicht so vorstellen, dass eine Endversion von Anfang an bekannt sein könnte, doch versuchen

---

[10] Individuation ist ein Begriff aus der Psychologie von C. G. Jung. Die Kombination mit Professionalität verdanke ich meinem Kollegen Joachim Hipp.

die Menschen zu begreifen, aus welchem Holz sie sind und was man daraus machen könnte. Dabei sind viele Versionen möglich, aber intuitiv weiß jeder, dass es auch viele Versionen gibt, die nicht stimmig sein würden. Meist kann man auch weniger Ziele bestimmen, also Punkte auf Entwicklungslinien in der Zukunft, sondern eher Richtungen, die stimmiger sind als andere.

Wir sehen das oft in dieser Phase der Lebensmitte, dass Menschen versuchen, nach dem alten Modus neue Wege zu beschreiten. Doch wäre für sie wichtig zu verstehen, dass nicht neue Ziele im alten Modus, sondern ein neuer Modus der Lebensorientierung wirkliche Entwicklung bedeutet und Chancen bietet, dem Leben neuen Sinn zu verleihen.

Zunächst aktiviert er allerdings sein bislang erfolgreiches Steuerungsprogramm: Ziele definieren, Zielerreichung planen und Aktivitäten Richtung Zielerreichung starten. Loslegen! Das ist wie Motorboot fahren. Egal, was Wind und Wasserströmungen nahelegen, Motor anwerfen und mit viel PS losdüsen! Die Alternative wäre Segeln. Man weiß sich auf Wind angewiesen, arrangiert sich mit den Strömungen, muss gelegentlich gegen den Wind kreuzen, Umwege in Kauf nehmen, um letzlich doch in die richtige Richtung voranzukommen. Ausstattung und Können sind wichtig, doch garantieren sie kein Vorankommen. Drifts und Unwägbarkeiten geben Gelegenheiten, sich in Demut zu üben. Das Wort kommt von „Dien-Mut" und ist daher eine Form von Mut, also keine beliebige Unterwürfigkeit gegenüber fremden Einflüssen.

Die Philosophie und spirituelle Systeme bieten Metaphern für menschliche Entwicklungen, die Grenzen von Kontrolle, ja von Urteilssicherheit, ob man sich auf dem richtigen Weg befindet, zu illustrieren. Eines davon ist das Labyrinth, wie es beispielsweise in der Kathedrale von Chartres zu finden ist. Der Weg zu sich selbst führt manchmal scheinbar weg vom Zentrum, in dem man sich findet, gerade wenn man ihm schon nahegekommen ist. Um dennoch die Zuversicht nicht zu verlieren, braucht man weitere Perspektiven und andere Haltungen.

Nun kommt mein Klient drei Monate später wieder zu mir ins Coaching und sagt: „Heute möchte ich über meine Ängste sprechen." Seine Situation ist, dass er mit Lieferanten wie auch mit Abnehmern verhandeln muss. Und er leidet darunter, dass auf Abnehmerseite Verhandlungspartner mit herabwürdigenden Strategien auftreten, nach dem Motto: „Sie sind für mich ein austauschbarer Lieferant, warum rede ich überhaupt mit Ihnen?" Insbesondere wenn das ältere Herren sind, die ihm gegenüber so auftreten, ängstigt ihn das sehr. Er manövriert sich da zwar immer wieder geschickt durch, aber es kratzt ihn doch sehr und bereitet ihm teilweise auch schlaflose Nächte, dass die andere Seite immer wieder versucht, ihn zu erpressen, ihn in eine unterwürfige Position zu drängen.

Psychologische Fragen

Welche Betrachtungsweisen würden sein Repertoire anreichern und ihm etwas Gelassenheit ermöglichen? Es könnte sein, dass sein Gegenüber sich und ihn in eine paranoide Beziehungsdynamik manövriert, ohne selbst zu verstehen, was geschieht. In einer paranoiden Beziehungsdynamik gesteht man sich Angst vor dem anderen nicht ein und prüft daher nicht wirklich, ob eine Bedrohung von diesem ausgeht. Stattdessen nimmt man selbst in Stärkegebaren und unterschwelligen Drohhaltungen Zuflucht, um dem anderen Angst zu machen und ihn damit von dem befürchteten Angriff abzuhalten. Reagiert der andere auch paranoid, dann kommt es leicht zu Eskalationen oder zu Gleichgewichten des Schreckens, nicht aber zu vertrauensvollen Geschäftsbeziehungen.

Viele Kampfbeziehungen beruhen auf einer paranoiden Beziehungsdynamik. Zwei begegnen sich in einer dunklen Unterführung. Jeder hat eigentlich nur Angst. In der Mitte gibt es eine Mordsschlägerei, weil jeder dem anderen präventiv eine reinhauen will, nur um ihm zu zeigen, dass er sich vor ihm nicht fürchtet. Aus Angst baut jeder ein Bedrohungspotenzial auf, das beim anderen die Angst weiter steigert. Die Eskalation führt dann genau zu dem, was man vermeiden wollte. Wenn beide aber erkennen würden, dass sie nur Angst verwalten, könnten sie aneinander vorbeigehen, ohne sich zu prügeln. Dafür muss man merken, dass man Angst hat, und man muss prüfen, ob sie angemessen ist.

Der Klient entdeckt Ähnlichkeiten mit den berichteten Situationen und nimmt sich vor, auf eigene Ängste zu achten, und probeweise davon auszugehen, dass sein Gegenüber uneingestandene Befürchtungen hat. Er nimmt sich ebenfalls vor, Wege zu finden, die ihn entspannen. Also Wege aus der Kontrolldynamik, aus der heraus jeder den anderen unterwerfen will, weil er sonst Unterwerfung seinerseits befürchtet. Ein Ansatz, um vom Opfer zum Gestalter zu werden.

Täter-Opfer-Beziehungen und Schattendynamiken

Darüber hinaus berichtet der Geschäftsmann erschrocken, dass er seinerseits begonnen habe, seinen eigenen Lieferanten gegenüber dominantes, unterwerfendes Verhalten zu zeigen. Irgendwie ist er anfällig für diese Art Stärkegebaren. Wir sprechen über Täter-Opfer-Beziehungen. Missbrauch schafft Missbrauch. Wer sich erniedrigt sieht, sucht Ausgleich bei anderen Opfern. Durch Identifikation mit der Täterdynamik kommt man über die Schmach, Opfer zu sein, scheinbar hinweg. Das ist wie bei Dracula: Wer gebissen wird, wird zum Vampir. Oder anders: Opfer sind auch dadurch geschädigt, dass sie die Dynamik der Täter in sich aufnehmen und Neigungen entwickeln, sie auszuleben. Manchmal unverblümt, manchmal subtil mit Rechtfertigungen aus dem erlebten Unrecht. Doch: „Im Recht-Haben verharren führt zu Unrecht!"[11] Daraus folgt, dass erst die Auseinandersetzung mit der eigenen Täter- mentalität vom eigenen Vampir-Sein nachhaltig befreit.

Auf seine Bitte hin versuchen wir zu klären, ob es von seiner Seite sonst noch mögliche neurotische Anteile an seiner Ängstlichkeit diesem Geschäftspartner gegenüber gibt.

Gibt es beispielsweise einen ungelösten Vaterkonflikt? Wir finden heraus, dass sein Vater, sein Elternhaus recht liberal waren. Er scheint nicht traumatisch belastet. Aller- dings hat er auch nie gelernt, dass es Leute gibt, die mit harten Bandagen vorgehen, ohne das wirklich feindlich zu meinen. Es gibt eben Leute, mit denen man sich zunächst prügeln muss, sozusagen als Freundschaftstest. Vielleicht erschreckt er sich zu sehr, weil er sich mit solchem Gas- senjungenverhalten nicht auskennt. Wir leuchten das im Gespräch aus. Zumindest könnte er es mal mit einer sol- chen Betrachtung versuchen.

Schamlose Ellenbogenmentalität hat ihn auch immer wieder fasziniert. Er findet, dass er zwar der charmante, gescheite, wendige Typ ist, dass ihm aber eine kraftvolle Machoseite in seiner Persönlichkeit fehlt. Er konnte diese Seite nicht ausbilden, weil sie ihm als Modell gefehlt hat. Er könnte lernen, kraftvoll, sich gegenseitig spürend mit anderen in Kontakt zu treten, ohne bis aufs Messer zu

---

11 Aus: *Originalton Bernd Schmid. Sprüche aus dem isb Wiesloch.*

kämpfen oder die Flucht anzutreten. Dass ihn die ganze Sache nicht loslässt, kann also damit zu tun haben, dass er von der Dominanz fasziniert ist, weil er selbst Dominanz aus seiner Persönlichkeit beziehungsweise seinem Selbstverständnis verbannt hat. Ganz ohne gelebte, aber vielleicht nicht eingestandene Dominanz kann es ja wohl kaum abgegangen sein auf seinem Weg zum Geschäftsführer. Doch hat er die Erfahrung nicht gemacht, dass man einen Vater lieben kann, auch wenn er manchmal rau und ungehobelt mit einem umgeht. Und er begreift, dass es nicht immer um Unterwerfung gehen muss, sondern um kraftvollen männlichen Kontakt. In der Psychologie von C. G. Jung nennt man das Schattendynamiken. Eine Seite der Persönlichkeit wird ausgeklammert. Da die fehlende Ergänzung unbewusst gesucht wird, begegnet sie einem im Leben oder in Träumen in ihren ängstigenden und unentwickelten Varianten. Von daher muss es kein Zufall sein, wenn jemandem immer wieder dieselben irritierenden Kräfte begegnen.[12] Durch Anerkennen dieser Seiten als eigene werden konstruktive Begegnung und Entwicklung hochwertiger Varianten dieser Kräfte möglich. Durch Integration abgespaltener Schattenanteile löst sich das Problem.

Soweit einige psychologische Erklärungsmöglichkeiten, die mein Klient nachvollziehen kann. Doch vermutet er, dass dieser Verhandlungspartner das aggressive, herabwürdigende Verhalten nicht unbewusst produzieren würde. Sondern es sei volle Absicht, um seine wirtschaftlichen Ziele zu erreichen. So frage ich meinen Klienten nach seinem Back-up in der Hierarchie seines Unternehmens: Vorausgesetzt, es handelt sich um Berechnung, dann will

---

[12]Vgl.: Schmid, Bernd: *Störungen - Beeinträchtigungen oder Entwicklungsanreiz?*, in: Die DownloadBar - Das E-Publishing Angebot des Carl-Auer-Verlags (Die LesBar des Carl-Auer-Verlags) 2005.

sein Gegenüber doch etwas von ihm, sonst bräuchte er doch erst gar nicht mit ihm zu sprechen. Für meinen Klienten und sein Unternehmen könnte die Angelegenheit auch zu einer Berechnung werden. Damit stellt sich nun die Frage, was ist das Limit, bis zu dem man als Unternehmen zu gehen bereit ist, an dem man nicht weiterverhandeln kann oder will.

Back-up heißt bei meinem Klienten, so stellt er mir nun dar, mit den anderen im Unternehmen alle möglichen Faktoren zu besprechen und Rückzugslinien zu bestimmen. Aber klar ist, insgesamt muss ein Paket herauskommen, das befriedigend ist. Wenn nicht, wackelt sein Stuhl. Hier ist nicht mit gemeinsam getragenem Risiko zu rechnen, sondern mit fehlender Solidarität bis hin zu unterschwelliger Bedrohung aus dem eigenen Unternehmen.

...oder mafiöse Strukturen?

Insoweit haben wir es möglicherweise nicht mit einem neurotischen Problem zu tun, zumindest nicht in der Beziehung zum Geschäftspartner. Eher mit einem mafiösen System: „Du gehst dahin und drehst das Ding! Du kannst einmal zurückkommen und es nicht geschafft haben, dann fehlt dir halt anschließend ein Finger... Aber beim zweiten Mal ist finito."

Das ist die Logik, die uns zum Beispiel das Ausmaß der Finanzkrise gebracht hat: Andere Leute setzen die Ziele, und ich muss schauen, wie ich sie erreiche. Also versuche ich mit allen Mitteln, die Zahlen zu erreichen. Ich verkaufe Finanzprodukte, die niemand wirklich versteht und verantwortet. Man kann damit aber Marge machen. Reicht das nicht, werden Zahlen geschönt und so weiter, oft aus nackter, oft uneingestandener Angst. Hier fehlt ein Werte-Back-up, die von der Autorität vertretene

Linie, die vernünftiges von unvernünftigem Wirtschaften trennt.

„Na gut", sagt mein Klient, „ich habe da schon einige Spielräume... Aber das System werde ich nicht ändern." Ich erwidere spontan: „Wenn alle Leute ihre Spielräume nutzen würden, dann hätten wir nicht dieses System, das wir haben." Wenn sogar er, der als Geschäftsführer in einer herausragenden und relativ mächtigen Position steht, schon mit diesem vorauseilenden Gehorsam zugange ist und ein System unterstützt, das zum Selbstbetrug, zur Korruptheit, zur Brutalität und zum Ausnutzen von Machtpositionen, zum Wegdrücken von Folgekosten und zum Inkaufnehmen von Kollateralschäden geradezu auffordert, dann ist er, wenn vielleicht auch kein böser Haupttäter, so doch zumindest ein Mithandelnder, ein Mitläufer. Auch wenn neurotische Gesichtspunkte mit eine Rolle spielen, ist anzustreben, dass er Verantwortung übernimmt. Persönlichkeitsentwicklung und persönliches Lebensglück nach humanistischen Maßstäben ist letztlich nicht ohne ethische Auseinandersetzung zu haben.

Jeder hat Verantwortung und Spielräume

Hannah Arendt, Soziologin, hat das Funktionieren des NS-Regimes mit der Figur des Mitläufers beschrieben.[13] Sie fand in der breiten Masse eben keine Bestien. Aber sie fand jede Menge Menschen, die das System akzeptiert, davon profitiert und es zunehmend als Selbstverständlichkeit angesehen haben. Der Beamte, der irgendwann als Rechtsparagraf definiert hat, dass Juden keine Deutschen

---

13 1961 nahm Hannah Arendt als Prozessbeobachterin für „The New Yorker" am Eichmann-Prozess teil. Vergleiche hierzu: Arendt, Hannah: *Eichmann in Jerusalem. Ein Bericht von der Banalität des Bösen*, München 1986.

sind, muss nicht die Mentalität besessen haben, dass Juden vernichtet werden müssen...

Jeder Einzelne will nicht das ganze, böse System. Aber alle zusammen erzeugen es durch Unaufmerksamkeit, durch Inkompetenz, durch Duldung, durch Eitelkeit, durch Opportunismus und Vorteilsnahme und durch fehlenden Mut. Dabei geht es weniger um den Mut, sich existenziellen Entscheidungen zu stellen, sondern vielmehr um den Mut, den Anfängen zu wehren, die eigenen Spielräume positiv zu nutzen und dies anderen abzuverlangen. Genauso wie nach Arendt das Böse banal ist, ist es auch das Gute. Doch es will gewagt und in professionellem Rahmen gelernt sein.

Jeder hat Verantwortung und muss sich dieser stellen, auch der heutigen Art des Wirtschaftens gegenüber. Es wäre falsch, sich als Saubermann dieser schnöden Welt ganz zu entsagen. Es ist ohne massive Ausblendung von Zusammenhängen, in die jeder schicksalhaft eingebunden ist, auch gar nicht möglich. In die Logik eines Michael Kohlhaas[14] zu flüchten und sich fundamental zu verweigern, wäre bloß Flucht in die andere Richtung.

Wie kommt man in die Lage, ethisch verantwortlich handeln zu können? Darüber kann am oben dargestellten Coaching-Beispiel diskutiert werden. Wichtig scheint mir eine persönliche Auseinandersetzung mit eigenen neurotischen Tendenzen, mit in Schattenbereiche abgedrängten Persönlichkeitsstrebungen, mit Fragen von Verantwor-

---

[14] Michael Kohlhaas ist der Protagonist aus Heinrich von Kleists gleichnamiger Novelle, der gegen ein Unrecht ankämpft, das ihm widerfahren ist. Seine Selbstjustiz endet im Rachefeldzug, sein Motto ist: „Es soll Gerechtigkeit geschehen, und gehe auch die Welt daran zugrunde!" Ernst Bloch nannte Michael Kohlhaas den „Don Quijote rigoroser bürgerlicher Moralität". Eine lohnenswerte Lektüre: Von Kleist, Heinrich: *Michael Kohlhaas,* Stuttgart 1978.

tung und Schuld, jenseits von Hilflosigkeit und Omnipotenz. Alle müssen ihren Weg dazwischen finden. Die eigenen Wege durch Labyrinthe dieser Art zu finden, ist nicht einfach. Es gibt kaum gerade Wege oder Wege, bei denen man nicht mit eigener Schuld und Verantwortung konfrontiert wird. Ethische Kompetenz ist auch nicht nur eine Frage des gewünschten Anstands[15], sondern eine Frage professioneller Kompetenz. Wer was kann und im Unternehmen Gewicht hat, hat bessere Chancen, aber auch mehr Verantwortung, sich ethisch zu verhalten.

In jeder Position hat man Spielräume, die man nutzen kann:

- *Man muss sich nicht reflexhaft mit einem System identifizieren, man kann nachdenken, seine Schlüsse ziehen und handeln.*
- *Man kann auch Kompromisse machen, aber man sollte dann wissen, dass es welche sind – und was die Alternativen wären.*
- *Man kann auch seine Beweggründe anderen gegenüber darlegen und argumentieren, welche Folgewirkungen man sieht und warum man sie nicht akzeptieren mag.*

Wenn einen also die Angst befällt in einem solchen System, wie dies bei meinem Klienten der Fall war, ist das nicht unbedingt nur eine neurotische Reaktion, sondern eigentlich eine gesunde. Coaching darf nicht dazu führen, dass ein Klient eine solche gesunde Reaktion nicht mehr zeigt. Wer in einem mafiösen System keine Angst mehr zeigt, ist, was man psychotherapeutisch „charaktergestört" nennt.

---

[15] Schmid, Bernd: *Auf der Suche nach der verlorenen Würde - Kritische Argumente zur Ethik und zur Professionalität in Organisationen*, in: ZOE 03/91, Band III, Kap. 14.

Eine Welt, eine Ethik

Private Ethik ist wichtig, doch nicht ausreichend, um in der Berufswelt ethische Fragestellungen angemessen zu formulieren. Die persönliche Bereitschaft Einzelner, anständig handeln zu wollen, reicht für das Erfassen zentraler Fragen der Ethik in größeren Organisationen nicht aus. Die Komplexität des heutigen Wirtschaftens und der heutigen Großorganisationen ist längst über ein für das private Gemüt fassbares Maß hinausgewachsen. Ansichten, Entscheidungen, Handlungen oder deren Unterlassung wirken oft über Mechanismen, die der Einzelne heute kaum noch überschauen kann.

Positionsinhaber in Organisationen verlieren sich leicht in deren Logik und scheinbaren Sachzwängen. Sachzwang steht in der Regel für den Glauben, Dinge nicht verändern zu können, ihren Gesetzen folgen zu müssen. Wenn nicht gerade Einfallslosigkeit, Trägheit oder Korruptheit dahinterstecken, spiegelt dieser Begriff häufig eine *Entmündigung,* die wiederum den Boden für ethische Verantwortungslosigkeit bereitet.

Manager funktionieren also und erledigen das Tagesgeschäft. So erleben viele, auch mächtige Positionsinhaber, ihre Spielräume fürs Nachdenken und für eine schöpferische Beeinflussung der unternehmerischen Strategien der Organisationskultur als gering. Daher glauben sie, auch Vorgänge ertragen oder mitgestalten zu müssen, die sie aus ihren privaten Werthaltungen heraus ablehnen würden. Und verlieren so ihre Skrupel.

Der Zusammenhang zwischen sich verselbständigenden wirtschaftlichen Gesetzmäßigkeiten und persönlichen Lebenshaltungen scheint in vielen Lebensbereichen zerrissen zu sein. Die Menschen reagieren darauf – psychologisch verständlich – mit einer Spaltung ihrer inneren Lebenswelt. Es entstehen Risse in der Persönlichkeit, die als

Verlust an Integrität erlebt werden. Die *Scham* darüber wird abgewehrt. Sie wird nicht als wichtiges Signal, das an die eigenen menschlichen Möglichkeiten und ethischen Bedürfnisse erinnert, erkannt. Diese Scham wird mit dem schmerzlichen Gefühl früher erlebter, unangemessener Beschämung verwechselt und daher nicht als ein möglicher Schlüssel zur Selbstfindung und Wiederinanspruchnahme von Würde erkannt. Die Skrupellosigkeit im Wirtschaften erwächst aus dem *Verlust von Würde* – es kommt nicht darauf an.

Die Würde des Managers ist antastbar! Daher ist es wichtig, Mechanismen in Organisationen zu untersuchen, die Menschen als Privatpersonen wie auch als Positionsinhaber entwürdigen. Insgesamt sind Manager sicher nicht besser oder schlechter als andere Menschen. Dadurch aber, dass sie in ihren beruflichen Rollen und gesellschaftlichen Positionen oft größere Hebel betätigen, haben ihre Nachlässigkeiten, ihre Inkompetenz und fehlende Skrupel größere Auswirkungen als die von Privatpersonen. Ihre Sünden werden daher in der Öffentlichkeit zu Recht angeprangert. Ethische Erwägungen werden aber erst anspruchsvoll, wo sie über das Identifizieren von Schurken hinausgehen und sich mit den systemischen Vernetzungen und der „Banalität des Bösen" auseinandersetzen.

KULTUR ENTSTEHT DURCH KULTUR

isb - mehr als Weiterbildung

Das **isb** (Leitung: Thorsten Veith) steht als Fachinstitut für Professions-, Organisations- und Kulturentwicklung seit 1984 für hochwertige Professionalisierung von Fachleuten in Organisationen / Unternehmen und ist dort eines der erfahrensten und renommiertesten Institute. Es qualifiziert Führungs- und Fachkräfte bezüglich der Steuerung von Organisationen in Veränderungsprozessen, in systemischer Beratung und Coaching sowie Organisations- und Kulturentwicklung.

Sein Renommee am Markt verdankt das **isb** seinen innovativen Konzepten und Methoden zu den aktuellen Herausforderungen in der Entwicklung von Unternehmen und persönlicher Professionalität. Das Netzwerk von Professionals des **isb** umfasst tausende Alumni aller Branchen (darunter 90% der DAX-Unternehmen) und anderer Gesellschaftsbereiche.

Das **isb** steht aber mittlerweile für Vieles mehr: Services, Initiativen und Events rund um das isb-Netzwerk, im Feld und in Kooperation mit nationalen und internationalen Verbänden / Organisationen, sowie medial aufbereitetes Know-how zu Inhalten und Methoden. Das **isb** gestaltet das Feld systemischer Praxis und systemischer Unternehmensentwicklungen maßgeblich mit.

Publikationen, Themenhandouts, Audios, Videos und Arbeitsmaterialien finden Sie kostenfrei in unserem Medienbereich zur eigenen Nutzung: http://isb-w.eu

Besuchen Sie auch unsere internationale Präsenz: http://isb-i.eu

Zeitfracht Medien GmbH
Ferdinand-Jühlke-Straße 7
99095 Erfurt, Deutschland
produktsicherheit@kolibri360.de